〈からだ〉の声を聞く
日々のレッスン
人生に〈気づき〉をくれる365日のセルフワーク

リズ・ブルボー
Lise Bourbeau

浅岡夢二◎訳
Yumeji Asaoka

ハート出版

感謝の言葉

　この本の出版のために協力してくださった、すべての方々に感謝申し上げます。特に、この本で取り上げられているエクササイズを、何カ月にもわたって実践してくださった〈ＥＴＣセンター〉のスタッフの皆さんに、心より感謝申し上げます。彼ら、彼女らの協力のおかげで、この本の内容は、より洗練された、読者にとって近づきやすいものとなりました。

　さらに、私のセミナーやワークショップ、講演会に参加してくださった多くの方々にも感謝いたします。こうした方々のおかげで、私は自分の知識と経験を広げ続けることができました。彼ら、彼女らがいてくださるおかげで、私は次々と新たな着想を得、本を書き続けることができるのです。

リズ・ブルボー

Une année de prises de conscience avec ÉCOUTE TON CORPS

Copyright © 2002 by Lise Bourbeau

Japanese translation rights arranged with Les Éditions E.T.C. Inc ,Canada.
http://www.leseditionsetc.com/

All rights reserved.

は じ め に

この本は、あなたに〈気づき〉を深めていただくためのツールとして書かれました。また、今日まで〈ＥＴＣセンター〉が教えてきたことを、あなたに総合的に学んでいただくためにも書かれています。

　あなたが、この本で、初めて〈ＥＴＣセンター〉の教えに触れるとしたら、用語などに関して、たぶん分かりにくいところが出てくると思います。そこで、まず、私の著書のうち、『〈からだ〉の声を聞きなさい』や『〈からだ〉の声を聞きなさい②』をお読みになることを、お勧めいたします。

　これから１年間、つまり５２週間にわたって、あなたは、自分を観察し、答えを記録し、リストを作り、恐れを書きとめ、身近な人たちに対する自分の態度を点検し、身近な人たちに質問し、家族のメンバーを観察することになります。

　もし、身近な人たちに対して質問するのが難しいのであれば、「私がいま勉強しているこの本に、そういう質問をするように書いてあるので、すみませんが、どうか質問させてください」と断ってから質問するとよいでしょう。そんなふうに質問し、また分かち合うことが、どれほどパワフルなツールであるか、すぐに分かるはずです。そうすることによって、あなたのコミュニケーション力は飛躍的に向上するでしょう。

　ただし、自分にとって都合の良い返答を得ようとはしないでください。もともと、返答に良いも悪いもないのです。問題は、その返答を通してあなたが気づきを深められるかどうか、ということなのです。特に、自分が間違うことを決して許せない〈完璧主義者〉は、そのことをしっかり心に刻んでください。

　この本に書かれている質問の中には、あなたにとって答えにくいものが

あるかもしれません。また、抵抗を感じさせるものがあるかもしれません。そういう場合には、自分に対して充分な時間をあげてください。もしかすると、何週間もかかる可能性があるでしょう。でも、それはそれで良いのです。

　あるいは、中には、どうしても答えたくない質問があるかもしれません。その場合には、その質問をただ後回しにするのではなく、どうして自分が答えたくないと思うのかを、書きとめておくことをお勧めします。

　気づきを深めてゆくためには、そうとう自分を律することが必要となります。ただし、５２週分をこなすのに、必ずしも５２週かけなければならないわけではありません。自由にやっていいのです。特に、自分に厳しすぎる人たちは、この機会を使って、柔軟さを学んでいただきたいと思います。

　この本は、あくまでも、〈意識的になる〉ための１つの〈ツール〉でしかありません。あまり堅苦しく考えないでください。もし、求められている作業がどうしてもできないのであれば、それはそれでいいのです。無理に行なうことはありません。むしろそれを、あなたの心に潜む〈恐れ〉や〈思い込み〉に気づくための機会としてください。そして、そんな〈恐れ〉や〈思い込み〉を持っている自分を、ありのままに認めてあげましょう。

　一方、あなたの関心を特にひくテーマに関しては、集中的に取り組んで、何週間かけてくださっても結構です。この本を使って自己啓発に励むなら、必ず良い結果が得られると私は信じています。大切なのは、この本の目的を常に念頭に置くことです。つまり、**自分が何者であるかに気づき、人生を自分の思い通りに送る**、というのがその目的なのです。

　この本を有効に使うためのもう１つのアドバイスは、この本をなるべく目につくところに置いておく、ということです。そうすれば、一日が始ま

るときに、予定のページを読むことがたやすくなるでしょう。

　この本のエクササイズは何度でも繰り返すことが可能です。５２週を一通り終えたら、ふたたび挑戦してみてください。週ごとに成果を記録しておけば、ふたたび取り組んだ時に、最初の読書の時から、自分がどれだけ成長したかがよく分かるので、とても良いと思います。

　それでは、素晴らしい気づきが得られますように！

リズ・ブルボー

本書の翻訳にあたっては、堤慶子さんにご協力いただきました。
この場を借りて、厚く御礼申し上げます。〈浅岡夢二〉

もくじ

はじめに 003

第 1 週　約束　012
第 2 週　原因と結果　016
第 3 週　自分を愛する　020
第 4 週　創造性　024
第 5 週　正義　028
第 6 週　受容　032
第 7 週　他者への愛　036
第 8 週　信仰　040
第 9 週　謙虚さ　044
第 10 週　率直さ　048
第 11 週　休息　052
第 12 週　勇気　056
第 13 週　パワー　060
第 14 週　豊かさ　064
第 15 週　繁栄　068
第 16 週　尊重　072
第 17 週　沈黙　076
第 18 週　成功　080
第 19 週　真理　084
第 20 週　美　088

第21週	知性	092	
第22週	自由	096	
第23週	価値	100	
第24週	経験	104	
第25週	笑い	108	
第26週	決断	112	
第27週	行動	116	
第28週	寛大さ	120	
第29週	鏡	124	
第30週	和解	128	
第31週	楽しみ	132	
第32週	統御	136	
第33週	変化	140	
第34週	夢中	144	
第35週	努力	148	
第36週	瞑想	152	
第37週	優しさ	156	
第38週	直観	160	
第39週	自由意志	164	
第40週	生きる喜び	168	

第41週　手離すこと　172

第42週　責任　176

第43週　忍耐　180

第44週　与えること・受け取ること　184

第45週　意志　188

第46週　自立　192

第47週　感性　196

第48週　根気強さ　200

第49週　エネルギー　204

第50週　からだからのメッセージ　208

第51週　今という瞬間　212

第52週　私という存在　216

　　　　おわりに　220

〈からだ〉の声を聞く
日々のレッスン

第 1 週

〈約束〉

約束のないところに
本当の愛はありません。

Semaine.1/Week.1

01/52

001/365

月　日
月曜日
Lundi/Monday

私は今日、約束が大切である、ということを確認します。そして、自分自身や他人と、約束または了解を通してつながることの大切さを、あらためて自覚し直します。約束することによって、私の人生に明確な方向性が与えられるからです。

私は、どんな場合に、約束することをためらうだろうか？

002 /365

月　　　日
火曜日
Mardi/Tuesday

私は今日、この３カ月のあいだに、自分と交わした約束を、できるだけ思い出して書き出します。

私はどの約束を守り、どの約束を破っただろうか？　そして、約束を守った時、または破った時に、どんな気持ちがしただろうか？

003 /365

月　　　日
水曜日
Mercredi/Wednesday

私は今日、この３カ月のあいだに、他人と交わした約束を、できるだけ思い出して書き出します。

私はどの約束を守り、どの約束を破っただろうか？　そして、約束を守った時、または破った時に、どんな気持ちがしただろうか？

004/365

月　　日
木曜日
Jeudi/Thursday

私は今日、約束というのは、愛に基づいてなされるべきで、恐れに基づいてなされるべきではない、ということを受け入れます。この３カ月のあいだに、自分が恐れから交わした約束を思い出してみると、それらの約束は、愛に基づいた約束よりも守るのが難しかった、ということが分かります。

どんな恐れが、私に、それらの約束をさせたのだろうか？

005/365

月　　日
金曜日
Vendredi/Friday

私は今日、約束を守るのも破るのも、何かや誰かに対する恐れからではなく、自分に対する愛からでなくてはならない、ということを受け入れます。自分が本当に必要としていたわけではない約束のうち、この３カ月のあいだに、私が守った約束、そして守らなかった約束を書き出します。

私はどんな恐れに基づいて、約束を守り、または破ったのだろうか？

006/365

月　　日
土曜日
Samedi/Saturday

私は今日、自分の心の中に見つけた恐れについて、じっくりと考えます。それらの恐れは、私を守るために、私の心の中に〈人格〉として作られたものです。私はそれらの人格に感謝をし、もうこれからは、自分でいろいろなことを決めるから安心してください、と告げます。

そんなふうにして恐れを受け入れた時、私はどんな気持ちになっただろうか？

007/365

月　　日
日曜日
Dimanche/Sunday

私は今日、これからは、本当に自分が望む場合にしか約束しない、と決心します。そして、約束を解消した結果を、自分で引き受ける覚悟さえあれば、約束はいつでも解消することができる、ということを心に刻みます。

私は、来年に向かって、自分そして他者のためにどんな決意をするだろうか？

第 2 週

〈原因と結果〉

結果があるのは原因があったからです、
果実があるのは種があったからであるように。

Semaine.2/Week.2

02/52

008/365

月　　　日
月曜日
Lundi/Monday

私は今日、宇宙には偉大な《原因と結果の法則》があって、それがあらゆるもの、あらゆる人間に、（それを信じようが、信じまいが）適用されることを知りました。この法則を変えることは、誰にもできません。この法則によって、私たちは、収穫の原因が種まきにあるということを理解します。この法則には、他にもいくつかの呼び方があります。《ブーメランの法則》、《種まきと収穫の法則》、《作用・反作用の法則》、《カルマの法則》などです。

私は《原因と結果の法則》を受け入れ、それを人生のあらゆる領域に当てはめて生きる、と決意できるだろうか？

009/365

月　　日
火曜日
Mardi/Tuesday

私は今日、どんな結果も、私が原因を作ったから生じるのだ、ということを理解します。もちろん、私がしたのと同じ行為を人からされることもありますが、常に、まったく同じ行為を人からされるとは限りません。私が出合うことは、それが快適なものであれ不快なものであれ、すべてその原因を自分が作ったのだ（その原因を無意識のうちに作っていることも多い）、ということを理解しました。

どうすれば、一瞬一瞬の自分の意図に、もっと自覚的になれるだろうか？

010/365

月　　日
水曜日
Mercredi/Wednesday

私は今日、この１年間に、人生のすべての領域で私が刈りとった不愉快な出来事を、すべてリストアップします。そして、それらの原因となった、私の考え、私の言葉、私の行動を明らかにします。

それらの種をまいたのは自分だと考えた時に、私はどんなことを感じるだろうか？

011 /365

月　　日
木曜日
Jeudi/Thursday

私は今日、この1年間に、人生のすべての領域で私が刈りとった快適な出来事を、すべてリストアップします。そして、それらの原因となった、私の考え、私の言葉、私の行動を明らかにします。

それらの種をまいたのは自分だと考えた時に、私はどんなことを感じるだろうか？

....
....
....
....

012 /365

月　　日
金曜日
Vendredi/Friday

私は今日、自分が刈りとった不愉快なこと、快適なことの原因を、自分自身が作ったという事実を、常に意識していたわけではないことに気づきました。

自分が原因を作ったということが分からない場合でも、私はその出来事を受け入れられるだろうか？

013 /365

月　　　日
土曜日
Samedi/Saturday

私は今日、自分が収穫したいと思う、他者の態度や振る舞いを、リストアップします。その結果、そうした収穫を得るには、そうした態度や振る舞いを、まず自分自身が身につける必要がある、ということを理解します。そのことによって、私は新たな原因の種をまき、新たな結果を収穫するのです。

だとしたら、私は今日、どんなことを決意する必要があるだろうか？

014 /365

月　　　日
日曜日
Dimanche/Sunday

私は今日、人生において、物質的なレベルで収穫したいと思うあらゆることを、リストアップします。そして、それらを収穫するためには、どんな態度を取り、どんな振る舞いをすればいいのかを考えます。

今日、私は、どんな決意をするだろうか？

第3週

〈自分を愛する〉

他者からの愛を収穫するには、まず
あなたが自分を本当に愛する必要があります。

Semaine.3/Week.3
03/52

015 /365

月　　　日
月曜日
Lundi/Monday

私は今日、自分を本当に愛しているかどうかについて、たっぷり時間をとって瞑想します。限界を持った人間として、自分をありのままに、まるごと受け入れたとき、私は自分を愛していることになるのです。

私は、自分のどんなところが受け入れられないだろうか？

016 /365

月　　　日
火曜日
Mardi/Tuesday

私は今日、自分が持っている恐れ、弱点、欠点、苦手としていることを、リストアップします。そして、自分を愛するとは、それらすべてを持っている自分を、ありのままにまるごと受け入れることである、ということを認めます。たとえ本当はいやでも (笑)。

私は、自分が人間であるということを（つまり、欠点を持っていてもいいのだということを）、きちんと認めてあげているだろうか？

017 /365

月　　　日
水曜日
Mercredi/Wednesday

私は今日、自分が持っている長所、能力、才能、得意なことを、リストアップします。そして、自分を愛するとは、それらすべてを持っている自分を、ありのままにまるごと受け入れることである、ということを認めます。たとえ本当は恥ずかしくても (笑)。そして、それらを使うことを自分に許します。

私は、それらの特質を、遠慮せずに使っているだろうか？

018/365

月　　日
木曜日
Jeudi/Thursday

私は今日、聖なる愛とエゴイズムを区別します。無理な注文をつけてきた人に対し、自分のためを思って「ノー」と言うことは、決してエゴイスティックなことではありません。それは、むしろ自分に対する愛なのです。エゴイスティックな振る舞いとは、自分のために他人から何かを奪うことです。

私は、愛する人に対して、罪悪感を持つことなく「ノー」と言えるだろうか？

019/365

月　　日
金曜日
Vendredi/Friday

私は今日、少し時間をとって、次のように自問します。「今日、私は何をすれば嬉しいだろうか？」そして、最初に心に浮かんだことを大事にします。そして、それを実現させるために、私の左脳的知性を上手に使うのです。

私は、罪悪感を感じることなしに、自分に喜びを与えることができるだろうか？

020 /365

月　　　　日
土曜日
Samedi/Saturday

私は今日、他人に対して、素直に何かを頼みます。その際に、相手を利用しているとか、相手に借りができたとか、考えないようにします。相手は、私に何の期待もせずに、純粋な愛からそうしてくれるのだ、と考えることにします。

私は、人に頼みごとをすることを、心苦しく思っていないだろうか？　もしそう思っているとしたら、それはなぜだろうか？

021 /365

月　　　　日
日曜日
Dimanche/Sunday

私は今日、次のように自問します。「もし、思いがなんでもかなうとしたら、私は、自分の人生でどんな人間になりたいだろうか？」そして、最初に浮かんだ考えを大事にします。そうなるためには、どんな態度をとり、どんなふうに行動すればいいのかを考えて、それを実行します。

私は、自分が望むような人間になることを、自分に対して許しているだろうか？　もし、ほかの人たちがそれに賛成しないとしても？

第 4 週

〈創造性〉

人間は、その思い、言葉、行動によって、
絶えず人生を創造しています。

Semaine.4/Week.4
04/52

022/365

月　　　日
月曜日
Lundi/Monday

私は今日、次のことを確認します。①私は、すると決めたこと、または、しないと決めたことによって、私の人生を創造しています。②私は、ひとつひとつのことを、自分に対する愛、または、誰かや何かに対する恐れによって、決めています。③私は、常に、自分が望むものを創り出しているとは限りません。

私は、どんな領域で、自分の望む経験をすることができずにいるだろうか？

023/365

月　　日
火曜日
Mardi/Tuesday

私は今日、何かを創造するには、それがどんなものであれ、女性原理と男性原理を、同時に使う必要があることを理解します。女性原理は私の願いを知っており、私の感じる能力を支えてくれます。それに対して、男性原理は、理性の力によって、私の願いを実現する方法を考え出してくれます。

私は、自分の望むものを創り出すために、女性原理と男性原理を同時に使っているだろうか？

024/365

月　　日
水曜日
Mercredi/Wednesday

私は今日、自分の願いを素直に認めることにしました。そして、そのことによって、私の創造性をふたたび活性化します。私のすべての自発的な願いは、私の左脳からではなく、私の中心から発しています。それは、私の女性原理の領域なのです。

私はいつも、自分の願いを素直に認めているだろうか？　もしそうでないとしたら、それはなぜなのだろうか？

025/365

月　　　日
木曜日
Jeudi/Thursday

私は今日、心の中に願いが湧いたからといって、ただちにそれを実行に移すべきではない、ということを確認します。それを、いつ、どのようにして実現するか、という点に関しては、私の理性にゆだねます。また、その願いが、自分に対する愛に基づいているのか、または、誰かあるは何かに対する恐れに基づいているのかを、しっかりと見きわめます。

自分の願いを実現するには理性を活用する必要がある、と考えた時に、私は、どんなことを感じるだろうか？

026/365

月　　　日
金曜日
Vendredi/Friday

私は今日、自分が持っている才能を、すべてリストアップします。自分で見つけたものも、ほかの人から教えてもらったものも、すべて書き出します。

私は、自分の人生を創造するために、これらの才能をきちんと使っているだろうか？　もし使っていないとしたら、何を恐れて使わずにいるのだろうか？

027 /365

月　　日
土曜日
Samedi/Saturday

私は今日、この1カ月のあいだ、自分の思いどおりに人生を創造するのをブロックしてきた恐れを書き出します。私は、これらの恐れが、〈精神体〉に属しているということ（つまり、それらは〈思い込み〉であるということ）を認めます。それらは、ブロックを作ることによって、私を守ろうとしているのです。

私は、私の一部である恐れ（人格）を説得して、私が本当に願っていることを、その人格に認めさせることができるだろうか？

028 /365

月　　日
日曜日
Dimanche/Sunday

私は今日、この1カ月のあいだに、私が人生において創造したことを、すべてリストアップします。また、それらを生み出すために使った、私の態度と方法も書き出します。さらに、望むことはすべて自分で創造できる、ということ、創造するために必要なものはすべて持っている、ということを知った時に、どんな感じがしたかも書き出します。

私は、自分の創造性を今後もずっと発達させ続ける、という決意ができるだろうか？

第 5 週

〈正義〉

いわゆる正義とは、エゴの幻想に過ぎません。
本当に存在するのは〈神の正義〉だけです。

Semaine.5/Week.5
05/52

029/365

月　　日
月曜日
Lundi/Monday

私は今日、いわゆる正義とは、私の独断的な世界観によって決められることを認めます。〈物質的〉な見方をすれば、世界は不正に満ち満ちています。一方、〈スピリチュアル〉な見方をすれば、世界はきわめて公平にできています。

私は、どんな見方に基づいて、正義ということを考えているだろうか？

030/365

月　　　日
火曜日
Mardi/Tuesday

私は今日、この１カ月のあいだ、私がこうむったと思っている不正を、すべてリストアップします。そして、〈まいた種を刈りとる〉という考え方に基づいて、それらの不正の責任はすべて私自身にある、と考えます。自分をよりよく知り、さらに進化するために、私はそれらの不正を必要としたのです。

私は、それらの不正から、何を学ぶことができるだろうか？

031/365

月　　　日
水曜日
Mercredi/Wednesday

私は今日、人の数だけ正義と不正の定義があることを認めます。私が、ある人や、ある事柄に対して、正義と不正のレッテルを貼る時、それがほかの人のレッテルとは違う可能性があることを認めます。正義と不正をどのように定義しているかを、少なくとも３人の人に確かめます。

彼らの定義の仕方を聞いて、私はどのように感じただろうか？

032/365

月　　　日
木曜日
Jeudi/Thursday

私は今日、自分がネガティブな感情を感じたのは（特に怒りを感じたのは）、そこに不正を感じ取り、起こったことを許せないと感じたからだ、ということを認めます。これからは、ネガティブな感情を感じた時、私は、自分の正義の定義と、他者の正義の定義をしっかりつき合わせて、自分の考え方が本当に正しいのかどうかを確かめます。

私は、そうするだけの、充分な謙虚さを持ち合わせているだろうか？

033/365

月　　　日
金曜日
Vendredi/Friday

私は今日、この２週間を振り返ります。そして、自分がほかの人に対して感じたこと、考えたこと、言ったこと、したことによって罪悪感を感じた場合があれば、それらをすべてリストアップします。そして、私が罪悪感を感じたのは、自分がやったことを不当だと考えたからであることを自覚します。

私は、本当に不当なことをしたのだろうか？　それとも、相手に良かれと思って、自分の知識と能力をできるだけ使って行動したのだろうか？

034 /365

月　　　日
土曜日
Samedi/Saturday

私は今日、この２週間を振り返ります。そして、自分に対して怒りを感じたことがあれば、それをすべてリストアップします。そして、自分に対して怒りを感じたのは、自分に対して不当に振る舞ったからであることを自覚します。私が、自分に対して、不当に振る舞えば振る舞うほど、ほかの人たちも、私に対して不当に振る舞います。私は、そのことを知って、今後、正しく振る舞えるように努力します。

私が、自分に対して、正当に振る舞うことが最も難しいのは、どんな時だろうか？

035 /365

月　　　日
日曜日
Dimanche/Sunday

私は今日、自分と他人に対して正当に振る舞うには、無条件の愛を発揮すればいい、ということを理解します。さらに、この地球には神の正義のみが存在することを理解した上で、心を、調和と平和で満たしつつ生きてゆきます。

私は、この神の正義の概念を、日常生活に応用することができるだろうか？

第6週

〈受容〉

受容だけが、状況を、
より良いものに変えてゆく。

Semaine.6/Week.6
06/52

036/365

月　　日
月曜日
Lundi/Monday

私は今日、相手がなぜそうするのかが分からなくても、また、なぜそんな出来事が起こったのかが分からなくても、そして、それらに同意できなくても、それらを、ありのままにすべて受け入れます。

私はその受容の気持ちを、（特に身近な人たちに対して）表明することができるだろうか？

037 /365

月　　日
火曜日
Mardi/Tuesday

私は今日、たとえエゴが同意しなくても、起こった出来事をありのままに受容します。エゴとは、過去に私が学んだこと、思い込んだことの集積に過ぎないのです。同意とは、物質的な次元の事柄であり、受容とはスピリチュアルな次元の事柄であることを、今、ここで確認します。

同意と受容の違いを知ったことで、私はさらに多くのことを受け入れられるようになるだろうか？

038 /365

月　　日
水曜日
Mercredi/Wednesday

私は今日、この２週間のあいだに、自分に起こったことの中で、私が受け入れられなかったことを、すべてリストアップします。そして、私が、それらを受け入れることを邪魔した恐れが、どんなものであったかを明確にし、各項目の横に書き加えます。

それらの経験を受け入れるには、どうすればよかったのだろうか？

039/365

月　　日
木曜日
Jeudi/Thursday

私は今日、家族や親戚、職場の同僚などの中で、受け入れることができない人たちを、全員、リストアップします。そして、その人たちのどこが受け入れられないのかを、その横に書き加えます。

このエクササイズを通して、私は何を発見しただろうか？

....
....
....
....
....

040/365

月　　日
金曜日
Vendredi/Friday

私は今日、今まで受け入れることのできなかった出来事を、1つ選びます。そして、それを全面的に受け入れることにします。つまり、それをコントロールしようとすることを、全面的に放棄するのです。そうすることは、従属ではなく、受容であることを知った上で、私はこだわりを素直に手放します。

そう決めたことで、私の心にはどんな変化が生じただろうか？

....
....
....
....
....

041 /365

月　　　日
土曜日
Samedi/Saturday

私は今日、身近な人たちの中から、今まで、私が受け入れることのできなかった人を、1人選びます。そして、今日一日を、その人を受け入れた心の状態で過ごします。また、その人の長所を、できるだけたくさん数え上げます。

このエクササイズをしていて、私はどんなことを感じただろうか？

042 /365

月　　　日
日曜日
Dimanche/Sunday

私は今日、自分自身を受け入れることの方が、ほかの人たちを受け入れることよりも、はるかに大切である、ということを理解します。ほかの人たちは、私が、自分を受け入れることができるようになるために存在してくれている、ということが私には分かりました。したがって、私は、今日一日を、完全に自分を受け入れて過ごすことにします。もしそれが無理であったとしても、私はそのことで自分を責めません。自分にはまだできない、ということを受け入れればいいのです。

自分を受け入れて一日を過ごすことによって、私はどんなことを発見できただろうか？

第 7 週

〈他者への愛〉

私たちは、自分を受け入れ、愛しているのと同じ程度にしか、他者を受け入れ、愛することができません。

Semaine.7/Week.7
07/52

043/365

月　　日
月曜日
Lundi/Monday

私は今日、自分が、他者をどれくらい無条件に愛しているか、ということについて、じっくり考えます。私が他者を無条件に愛することができるためには、彼らの限界を受け入れ、彼らが、欠点を備えた人間であることを受け入れる必要があります。

私が受け入れることのできない人たちは、どんな人たちだろうか？

044/365

月　　日
火曜日
Mardi/Tuesday

私は今日、身近な人たちが持っている欠点、弱点、恐れ、問題点などを、一人ひとりについてリストアップします。そして、彼らを愛するということは、仮に、私が、それに同意できないとしても、彼らの欠点、弱点、恐れ、問題点を、すべて、ありのままに受け入れることである、ということを理解します。

私は、彼らが、欠点を備えた人間であることを、どの程度まで許しているだろうか？

045/365

月　　日
水曜日
Mercredi/Wednesday

私は今日、身近な人たちの長所、才能、得意なことをリストアップします。そして、彼らの長所、才能、得意なことを、決してねたむことなく、愛することを心に誓います。そのことによって、彼らは勇気づけられ、それらの特質を、よりいっそう生かそうという気持ちになるでしょう。

私は、彼らのそうした特質を、不当だと感じずに、素直に受け入れることができるだろうか？

046/365

月　　日
木曜日
Jeudi/Thursday

私は今日、他者を愛するとは、彼らの要求をすべてそのまま聞き入れることではない、ということを理解します。私は、彼らが、私に、いろいろと要求することを許します。そして、その要求に応じる場合には、恐れからではなく、愛から応じるのだ、ということをここで確認しておきます。その場合、私は彼らに何の見返りも要求しません。

彼らの要求に対して「ノー」と言う時、私は、彼らが私の愛を疑うのではないだろうか、と思わずにいられるだろうか？

047/365

月　　日
金曜日
Vendredi/Friday

私は今日、私が他者を愛するということは、彼らの幸福や健康の責任を私が引き受けることではない、という事実を確認します。彼らを愛するとは、むしろ、彼らが自分の人生の責任を取ることができるように手伝う、ということなのです。つまり、彼らの選択や決意の結果を、彼らが自分で引き受けられるようにしてあげる、ということなのです。

私は、罪悪感を感じることなく、彼らに自分の責任を引き受けさせることができるだろうか？

048/365

月　　　日
土曜日
Samedi/Saturday

私は今日、私の愛する人たちにアドバイスを与えて導くことは、自然でもあり、人間的なことでもある、ということを確認します。私は、彼らが助けを必要としている時にだけ、彼らにアドバイスを与えて導くことにします。そして、いったんアドバイスを与えたら、それに従うかどうかは、彼らにまかせます。それは、彼らの選択だからです。そうすることによって、私は、彼らをコントロールするのではなく、彼らを導くことができるのです。

私が、期待することなく導く、ということに困難を感じるのは、どんな人たちだろうか？

049/365

月　　　日
日曜日
Dimanche/Sunday

私は今日、自分の身近な人たちが、どんな人間になりたがっているのかを確かめます。そして、たとえそのことが理解できず、またそのことに同意できないとしても、私はそれを受け入れます。さらに、彼らが、自分のなりたがっている人間になった時、いったいどのような気持ちになるのかを、感じ取ってみます。

私は、どれくらい客観的な立場で、彼らの願いを聞いてあげられるだろうか？

第 8 週

〈信仰〉

人間の偉大な能力にアクセスするには
信仰が必要です。

Semaine.8/Week.8

08/52

050/365

月　　日
月曜日
Lundi/Monday

私は今日、〈信仰〉という言葉が、私にとってどんな意味を持っているのかを、じっくり時間をかけて考えます。

私が信仰を持った場合、心の態度はどのようになるだろうか？

051/365

月　　日
火曜日
Mardi/Tuesday

私は今日、信仰を持つとは、自分の心の力を絶対的に信じることだと知りました。信仰を持って決断すれば、すべてが可能になる、ということを知ったのです。でも、そのためには、どうしても行動が必要です。そうでなければ、それは単なる盲信で終わってしまうでしょう。

信仰の段階を1から10まで分けたとしたら、私は今、どの段階にいるだろうか？

052/365

月　　日
水曜日
Mercredi/Wednesday

私は今日、この1カ月のあいだで、さまざまな領域において、私が信仰を欠いていた状況をリストアップします。つまり、恐れのせいで状況に直面することができなかった、というケースを、すべてリストアップします。

このエクササイズを通して、私は何を発見できただろうか？

053/365

月　　日
木曜日
Jeudi/Thursday

私は今日、私が信仰を欠く時、私は〈思い込み〉によって判断している、ということを知りました。

私は、自分の〈思い込み〉によって判断せずに、自分の〈ニーズ〉によって判断することが、きちんとできているだろうか？

....
....
....
....
....

054/365

月　　日
金曜日
Vendredi/Friday

私は今日、私が信仰を欠いていた状況を1つ選び出します。そして、その状況で信仰を持って生きるためには、どのような新しい態度が必要だろうか、と考えます。

このエクササイズを通して、私はどんなことを学んだだろうか？

....
....
....
....
....
....

055/365

月　　　日
土曜日
Samedi/Saturday

私は今日、これまで自分が、何の疑いも、何の恐れもなく、強い信仰とともに、自分のやりたいことをやった、という経験を、すべてリストアップします。

信仰を持つとどれほど大きなエネルギーが湧いてくるか、私はきちんと分かっているだろうか？

056/365

月　　　日
日曜日
Dimanche/Sunday

私は今日、これから、自分が信仰を持つ時は、それが簡単に自覚できるようになれることを望みます。私は、今後、自分の限界は認めた上で、自分にできることは何でもする、と誓います。そして、あとは神にまかせるのです。

私は今日、いかなる信仰の行為をすることができるだろうか？

第 9 週

〈謙虚さ〉

自分の偉大な価値に気づいている人だけが、
本当に謙虚に振る舞うことができます。

Semaine.9/Week.9

09/52

057/365

月　　日
月曜日
Lundi/Monday

私は今日、謙虚であること、傲慢であること、誇り高くあることについて、じっくりと考えます。それらの態度に含まれるポジティブな面と、ネガティブな面を書き出します。

これらの3つの態度のうち、私が最も頻繁に取るのは、どの態度だろうか？

058/365

月　　日
火曜日
Mardi/Tuesday

私は今日、次の２つのことを理解します。①自分が正しくて相手が間違っている、と考えるたびに、私は傲慢になっています。②傲慢な人間には、ポジティブな面が何ひとつありません。傲慢に振る舞うことは、私に、不利なことしかもたらしません。

私は、特に、誰に対して傲慢に振る舞いがちだろうか？

059/365

月　　日
水曜日
Mercredi/Wednesday

私は今日、誇り高くはあるが、決して傲慢にならないようにすることを決意します。私は、自分自身に満足する時、あるいは自分のなしとげたことに満足する時（しかも、そのことによって他者をおとしめない時）、誇り高く生きていることになります。

この１カ月のあいだで、私は何をしたことで、自分を誇らしく感じただろうか？　また、自分を誇らしく感じた時、どんな気持ちになっただろうか？

060 /365

月　　日
木曜日
Jeudi/Thursday

私は今日、心の奥深いところで自分に誇らしさを感じ、しかもそれを人に語らない時、自分が真に謙虚になれることを知りました。

私は、どんな領域で、真に謙虚になれるだろうか？

061 /365

月　　日
金曜日
Vendredi/Friday

私は今日、他者が、自分とは違う意見を持っていることを認め、なおかつその意見を変えさせようとしない時、自分が謙虚に振る舞っている、ということを理解します。また、自分の弱さや自分の間違いを、罪悪感を持つことなく、傷つくことなく、素直に認める時、自分が謙虚であるということを理解します。そんな時、私は、自分に対して、自分が欠点を備えた人間である、ということを許しているのです。

以上の意味で、この２週間のあいだ、私は何回くらい謙虚であっただろうか？

062 /365

月　　　日
土曜日
Samedi/Saturday

私は今日、傲慢になる時、私は恐れに支配されているのだ、ということを理解します。間違いを指摘され、批判され、拒絶されるたびに、私は、愛されていないのではないか、認められていないのではないか、受け入れられていないのではないか、と恐れるのです。

私が傲慢になる時、私はどんな恐れに支配されているだろうか？

063 /365

月　　　日
日曜日
Dimanche/Sunday

私は今日、謙虚になることは、支配されることでも、意見が言えなくなることでも、誇りを失うことでもない、ということを理解しました。他者に自分を印象づけようとするのでもなく、他者を強引に説得しようとするのでもなく、なおかつ自分の本当の価値を静かに認める時、私は自分が真に謙虚である、ということを知りました。

日々の生活の中で、真の謙虚さを維持できた時、私はどんな感じがするだろうか？

第 10 週

〈率直さ〉

率直さとは、恥の感覚の
正反対のものです。

Semaine.10/Week.10
10/52

064/365

月　　日
月曜日
Lundi/Monday

私は今日、率直さについて、じっくり考えます。

私の身近な人たちの中に、率直な人はいるだろうか？　また、何に基づいて、私はその人が率直だと判断したのだろうか？　私は、率直さをどのように評価しているだろうか？

065 /365

月　　　日
火曜日
Mardi/Tuesday

私は今日、自分のことを開示できる人、特に、自分が受け入れていない部分について、素直に他者に開示できる人が、率直な人だと考えます。そういう人は、自然体です。

私は、どんな領域において率直になれるだろうか？

066 /365

月　　　日
水曜日
Mercredi/Wednesday

私は今日、子どもたちの率直さについて考えます。そして、大人は、子どもたちの率直さを、ぶしつけさ、無礼さと混同しがちであることに気づきます。

礼儀正しくしようとしている時、私は、本当に自然に、率直に振る舞っているだろうか？

067 /365

月　　日
木曜日
Jeudi/Thursday

私は今日、言おうとしていることを、自分で検閲している時、私は率直ではなくなっている、ということを理解します。

私は誰に対して警戒心を持つだろうか？　また、その人に対して警戒心を持つのは、私がどんな恐れを持っているからだろうか？

068 /365

月　　日
金曜日
Vendredi/Friday

私は今日、身近な3人の人に尋ねて、私の率直さが、1から10までのあいだの、どのあたりになるか、ということを確かめます。

彼らの答えを聞いて、私はどんなふうに感じただろうか？

069 /365

月　　　日
土曜日
Samedi/Saturday

私は今日、できる限り率直に振る舞った時、何か困ることが起こるだろうか、と考えます。

自分に不利なことが起こるだろうと思った場合、それは、現実に基づいてなされた判断なのだろうか、それとも、自分の恐れに基づいてなされた判断なのだろうか？

070 /365

月　　　日
日曜日
Dimanche/Sunday

私は今日、今後は、できるかぎり率直に振る舞うことに決めました。つまり、常に自分自身であり、常に自然体であるように振る舞うことにしたのです。また、そのように振る舞ったとしても、愛されなくなることはない、ということを知っています。

率直な人間として、今後私は、どのように新たな振る舞いをするだろうか？

第 11 週

〈休息〉

〈感情体〉も〈精神体〉も休息を必要としています。それは肉体が空気を必要としているのとまったく同じなのです。

Semaine.11/Week.11

11/52

071/365

月　　日
月曜日
Lundi/Monday

私は今日、自分にとって、〈休息する〉とは、どんな意味を持つ行為なのかを考えます。さらに、休息について、両親から受け取ったメッセージを思い出します。

休息に関して、私は、父親または母親と同じ考え方をしていないだろうか？

072/365

月　　日
火曜日
Mardi/Tuesday

私は今日、バランスの取れた、調和に満ちた生き方をするには、〈物質体〉、〈感情体〉、そして〈精神体〉を休息させることが必要であると知りました。

この3つの〈体〉のうち、私がきちんと休息させていないのはどれだろうか？

073/365

月　　日
水曜日
Mercredi/Wednesday

私は今日、〈精神体〉を休息させることにします。そのために、1日に2回、少なくとも30分間は、静かに、自然を眺めて過ごします。

私は、〈思考〉を止めて、純粋に自然を眺めることができるだろうか？

074 /365

月　　日
木曜日
Jeudi/Thursday

私は今日、〈感情体〉を休息させることにします。そのために、私がこれまで受け取ったすべてに感謝します。また、日常生活で収穫しつつあるすべてのことに感謝します。私は、〈感情体〉を休息させるには、感謝が一番であることを知っています。

持っていないものを欲しがるのではなく、現に持っているものに感謝すると、どんな感じがするだろうか？

075 /365

月　　日
金曜日
Vendredi/Friday

私は今日、〈物質体〉（つまり肉体）を、少なくとも1時間は休息させます。何もせずに過ごすか、私に休息を与えてくれることをします。

私は、罪悪感を感じることなく、また自己正当化をすることなく、肉体を休息させることができるだろうか？

076 /365

月　　日
土曜日
Samedi/Saturday

私は今日、自分の中に、恐れや罪悪感があって、それが休息をさまたげていないかどうかを点検します。

休息しているのを身近な人に見られた場合、私は、自分が非難されるのではないかと恐れないだろうか？

077 /365

月　　日
日曜日
Dimanche/Sunday

私は今日、私のからだにとっても、心にとっても、休息が必要だということを知りました。ですから、知恵をもって、からだと心の世話をすることにします。それができるのは私だけなのですから。

今日の決心をした時、私はどんなことを感じただろうか？　また、それを家族に告げることにした時、どんな感じがしただろうか？

第 12 週

〈勇気〉

自分の限界を突破し、新たな可能性を
見つけるには、勇気が必要です。

Semaine.12/Week.12

12/52

078/365

月　日
月曜日
Lundi/Monday

私は今日、勇気のある人とは、行動に移るのが怖くても、それでもなお行動する人である、ということを知りました。願望の方が、恐れよりも強い時、私たちは行動することができます。

勇気のレベルを1から10までの数字で表わすとしたら、私は、どれくらいのところに位置するだろうか？

079 /365

月　　　日
火曜日
Mardi/Tuesday

私は今日、身近な人たちのことを考えて、彼らが、どんな時に勇気を出したかを思い出します。

その時、私は彼らの行動を賞賛しただろうか？　それとも非難しただろうか？

080 /365

月　　　日
水曜日
Mercredi/Wednesday

私は今日、この1カ月のあいだに、自分が勇敢に振る舞ったケースを思い出して、すべてリストアップします。また、勇気を出すことができなかったケースも書き出します。

それぞれのケースを思い出したとき、私はどんな感じがしただろうか？

081 /365

月　　日
木曜日
Jeudi/Thursday

私は今日、自分が勇気を出せなかった時、どんな恐れにとらわれていたのか、を思い出して書き出します。

私は、結果に対して恐れを持っていたのだろうか？　それとも、他人に何か言われることに対して恐れを持っていたのだろうか？

082 /365

月　　日
金曜日
Vendredi/Friday

私は今日、身近な人たちに対し、私を勇気ある人間であると思っているかどうかを尋ねます。また、私が勇気を持って振る舞った時はどんな時だったのか、勇気を欠いていた時はどんな時だったのかを尋ねます。

私は、これまで自分が気づいていなかった、新しい自分の側面に気づくことができただろうか？

083/365

月　　　日
土曜日
Samedi/Saturday

私は今日、勇気ある行動を３つします。そして、その時の経験の内容をしっかりここに書き出します。特に、その時、自分がどう感じたかを書いておきます。

私は自分を誇りに思えるだろうか？　また、自分を疑わずに行動に移したという選択を、評価することができるだろうか？

084/365

月　　　日
日曜日
Dimanche/Sunday

私は今日、勇気をもって振る舞うことのメリットとデメリットを、リストアップします。そして、勇気を持って生きることの効用を、私に思い出させるアファメーション（自分への肯定的な宣言）を作ります。

私は何を決めただろうか？　また、そう決めた自分のことを、どう感じただろうか？

第 13 週

〈パワー〉

人間が持っているパワーは素晴らしいものです。
でも、そのことは、ほとんど知られていません。

Semaine.13/Week.13

13/52

085/365

月　日
月曜日
Lundi/Monday

私は今日、人間が、肉体的なパワー、感情的なパワー、精神的なパワーを備えて生まれてくる、ということを知りました。それらの力は、その人の人生計画によって異なります。

私は、自分の肉体的なパワー、感情的なパワー、精神的なパワーのうち、どんなものを自覚しているだろうか？

086 /365

月　　　日
火曜日
Mardi/Tuesday

私は今日、身近な人に、私がどんな肉体的なパワー、感情的なパワー、精神的なパワーを持っているのかを尋ねます。

私が自覚しているのと同じパワーを、彼らは認めているだろうか？　もしそうでないとしたら、彼らの指摘を受けて私はどんなふうに感じただろうか？

087 /365

月　　　日
水曜日
Mercredi/Wednesday

私は今日、自分が持っている肉体的なパワーを見直します。私が肉体的にタフに過ごせる状況を、すべて思い出します。

私は、肉体的なパワーを最大限に使っているだろうか？　もし使っていないとすれば、なぜ使わないのだろうか？　抑制の原因は何だろうか？

088/365

月　　　日
木曜日
Jeudi/Thursday

私は今日、感情的なパワー、精神的なパワーについて見直します。私は、どんな感情的パワー、精神的パワーを持っているだろうか？

私は、それらのパワーを最大限に活用しているだろうか？　もし活用していないとしたら、それはどうしてだろうか？　抑制の原因は何だろうか？

089/365

月　　　日
金曜日
Vendredi/Friday

私は今日、私が持っているのに、最大限に使っていない、肉体的パワー、感情的パワー、精神的パワーをすべて書き出します。そして、それらを最大限に使うことをブロックしている恐れは何なのかを考えます。

それらの恐れは現実に根拠を持っているのだろうか？　それとも単なる想像上の恐れに過ぎないのだろうか？

090 /365

月　　　日
土曜日
Samedi/Saturday

私は今日、これから1週間のあいだ、私が持っている肉体的なパワーのうち、少なくとも3つを使うことに決めました。そして、その決意をほかの人に告げます。

そのように行動しようと思ったとき、私はどんな気持ちになっただろうか？

091 /365

月　　　日
日曜日
Dimanche/Sunday

私は今日、これから1週間のあいだ、感情的パワー、精神的パワーのうち、少なくとも3つを使うことに決めました。そして、そのことをほかの人に告げます。

私の心の力を使おうと決心した時、どんな感じがしただろうか？

第 14 週

〈豊かさ〉

豊かさの中に生きている時、私たちは与えることが可能となります。
貧しさの中に生きている時、私たちは他人に依存することになります。

Semaine.14/Week.14
14/52

092/365

月　　　日
月曜日
Lundi/Monday

私は今日、豊かさとは、物質世界のレベルに顕現するものである、ということを理解します。そして、それは〈持つ〉という形を取ります。豊かさの逆は、貧しさ（＝欠乏）です。

現在、私は豊かさの中に生きているだろうか？　それとも、貧しさの中に生きているだろうか？

093 /365

月　　　日
火曜日
Mardi/Tuesday

私は今日、以下の領域において、私が、豊かさに関する1から10までのレベルのうち、どのレベルなのかを考えます。財産、お金、知識、友人、家族、評判、エネルギー、セクシャリティ、愛情、仕事場での人間関係。

このエクササイズをしてみて、私はどんな感じがしただろうか？　結果は、想像していたのよりも良かっただろうか、悪かっただろうか？

094 /365

月　　　日
水曜日
Mercredi/Wednesday

私は今日、欠乏の中に生きるよりも、豊かさの中に生きることの方が、はるかに賢明な生き方であることを知りました。その結果、私の心に平和が生まれました。私は、これから、穏やかな心で生きることができます。

私は、これから、あらゆる領域で、罪悪感を感じず、豊かに生きていくことを自分に許せるだろうか？

095/365

月　　日
木曜日
Jeudi/Thursday

私は今日、私が豊かに生きていない領域を探して、書き出します。そして、それぞれの項目の横に、私を欠乏の中で生きさせることになった恐れを書き加えます。

私が持っているのと同じ恐れを、父親や母親も持っていなかっただろうか？　今後も私は、彼らと同じ恐れを持ち続ける必要があるのだろうか？

096/365

月　　日
金曜日
Vendredi/Friday

私は今日、次の質問を自分にします。「ある領域で貧しく生きているために私は、人生において、何ができずにいるだろうか？」この答えの内容こそ、私が本当に望んでいることなのです。

私は、自分が望むことを認めないことによって、どんないやな目にあっているだろうか？

097 / 365

月　　日
土曜日
Samedi/Saturday

私は今日、今週のエクササイズで、私が見つけた恐れと思い込みを再検討します。そして、そうした欠乏を招き寄せているのは、自分自身にほかならないことを自覚します。恐れと思い込みを持ち続ける限り、私は豊かになれません。

私は今日、どんな決心をすることができるだろうか？　このまま同じ考え方を続けるのだろうか？　それとも新しい考え方を採用するのだろうか？

098 / 365

月　　日
日曜日
Dimanche/Sunday

私は今日、人生で私が望むものは、何でも引き寄せることができる、ということを知りました。豊かさは、私がそれに、執着し、依存し、恐れをいだかないかぎり、私に対して恩恵をもたらします。豊かさは、むしろ、私が、自分の偉大な創造力に気づくためのきっかけとなるのです。

豊かさとは、私の日常生活において、まったく自然なものなのだ、ということが分かった時、私はどんな気持ちになっただろうか？

第 15 週

〈繁栄〉

繁栄は、自分の価値を知っている人にとって、
きわめて自然な状態なのです。

Semaine.15/Week.15

15/52

099/365

月　　日
月曜日
Lundi/Monday

私は今日、繁栄は、私の心の態度いかんにかかっている、ということを知りました。つまり私が、いま何を所有しているか、ということとは、まったく関係がありません。繁栄とは、必要なものが、必要な時に、必ず与えられる、ということを知っている状態なのです。

私は、現在、どれくらいのレベルで繁栄しているだろうか？

100 /365

月　　日
火曜日
Mardi/Tuesday

私は今日、繁栄の反対は貧しさであり、貧しさとは、心の状態の反映である、ということを理解しました。私が、現在、何をどれほど所有しているかということと、貧しさとはまったく関係がありません。どれほど財産のある人でも、それを失うことを恐れているとしたら、その人は貧しいのです。

私は、人生のどの領域で、貧しく生きているだろうか？

101 /365

月　　日
水曜日
Mercredi/Wednesday

私は今日、日常生活の中で、私が特に困難を感じている領域を3つ見つけて、そこに注意を向けます。

これらの3つの領域で、私は繁栄の観念よりも、貧しさの観念を持っている、ということに気づいているだろうか？

102/365

月　　日
木曜日
Jeudi/Thursday

私は今日、誰かが私に関して、「かわいそうに！」と言ったり、思ったりするたびに、それは私が貧しいことを示している、という事実を自覚します。私が、自分自身に関して「かわいそうに！」と思う時も、まったく同じことが起こっています。私は今日、身近な人たちに質問して、彼らが私のことをどの領域で「かわいそうに！」と思っているかを確かめます。

彼らの答えを聞いて、私はどんな気持ちになっただろうか？

103/365

月　　日
金曜日
Vendredi/Friday

私は今日、寝る前に、今日一日で、私が自分のことを、不運だとか、恵まれていないとか、何度思ったかをチェックします。そして、そういう態度こそが、私を貧しさの中に閉じ込めており、私を犠牲者にしているのだ、ということを自覚します。

さあ、これから、私はどんな新しい態度を取るだろうか？

104/365

月　　日
土曜日
Samedi/Saturday

私は今日、寝る前に、今日一日で、私が自分のことを、幸運だとか、恵まれているとか、何度思ったかをチェックします。そして、そういう態度こそが、私を繁栄に導く、ということを自覚します。

私は、あらゆる機会に、貧しさではなく、繁栄に至ろうとしているだろうか？

105/365

月　　日
日曜日
Dimanche/Sunday

私は今日、豊かに生きるためには、まず繁栄する心をはぐくむ必要がある、ということを知りました。繁栄する心なしには、豊かさというのは持続しません。というのも、それは恐れに立脚しているからです。

永続的に繁栄して生きるために、私は何をする必要があるだろうか？

> 第 16 週
>
> 〈尊重〉
>
> 尊重の念のないところに、
> 愛は存在しません。
>
> Semaine.16/Week.16
>
> *16/52*

106/365

月　　日
月曜日
Lundi/Monday

私は今日、〈自分を尊重する〉とは、自分がほかの人たちと違うことを、ありのままに認めることである、そして、自分を表現するスペースを、自分自身に確保してやることである、と知りました。

私は、自分自身を、どの程度まで尊重しているだろうか？

107/365

月　　日
火曜日
Mardi/Tuesday

私は今日、〈他者を尊重する〉とは、他者が私と違うことを受け入れ、その上で、他者に思いやりを示すことである、そして、彼らが自己表現に必要なスペースを確保するのを認めることである、ということを知りました。

私は、身近な人たちを、どの程度まで尊重しているだろうか？

108/365

月　　日
水曜日
Mercredi/Wednesday

私は今日、他者と衝突する時や、他者の考えや生き方を変えようとする時、私は他者を尊重していない、ということを知りました。

身近な人たちのうちで、特定の人を、私は、どうしてこれほどまでに尊重できないのだろうか？

109/365

月　　日
木曜日
Jeudi/Thursday

私は今日、他者の言いなりになる時や、他者からのコントロールを許す時、私は自分を尊重していない、ということを知りました。

私は、身近な人たちのうちのどの人に、私自身をコントロールすることを許しているだろうか？

110/365

月　　日
金曜日
Vendredi/Friday

私は今日、この２週間のあいだに、自分自身を尊重しなかったケース、他者が私を尊重しないのを許したケースを、すべてリストアップします。

どんな恐れがあるために、私は自分を尊重することができないのだろうか？　あるいは、自分を尊重してもらうことができないのだろうか？

111 /365

月　　　日
土曜日
Samedi/Saturday

私は今日、この2週間のあいだに、身近な人たちを尊重しなかったことがあるかどうかを思い出し、そういうケースをすべてリストアップします。

どんな恐れがあるために、私はそのように行動したのだろうか？

112 /365

月　　　日
日曜日
Dimanche/Sunday

私は今日、他人に尊重されたければ、まず自分を尊重しなければならない、ということに気づきました。そして、そのためには〈尊重されるような〉人間になればよい、ということにも気づきました。

私がこれから〈尊重されるような〉人間になるためには、どんな態度を取り、どんな行動をすればよいのだろうか？

第 17 週

〈沈 黙〉

沈黙を通して、私たちは〈内なる神〉の声を聞くことができます。
内なる神は、私たちが必要としていることをすべて知っています。

Semaine.17/Week.17

17/52

113/365

月　　　日
月曜日
Lundi/Monday

私は今日、この2週間のあいだに、どれくらい（何分、あるいは何時間）沈黙の時間を持ったか、を思い出します。

私は、そうした沈黙の時間に何を感じただろうか？

114 /365

月　　日
火曜日
Mardi/Tuesday

私は今日、沈黙の時間（つまり瞑想の時間）を定期的に取ることが、私にどんなメリットをもたらすかを書き出します。

私は、それらのメリットを受け入れることができるだろうか？　それとも、まだ準備ができていないだろうか？

115 /365

月　　日
水曜日
Mercredi/Wednesday

私は今日、これまで、私が、沈黙の時間を過ごすのをさまたげてきた原因を、すべて書き出します。それらの原因の大元には、恐れがあることを私は知っています。

それらの恐れは、現実的なものだろうか？　それとも私が自分で考え出したものに過ぎないのだろうか？

116/365

月　　日
木曜日
Jeudi/Thursday

私は今日、少なくとも1時間、沈黙の時間を過ごすことに決めました。そのあいだは、テレビやラジオから遠ざかり、人との会話もしません。

この沈黙を通して、私は何か〈内なる声〉を聞いただろうか？

117/365

月　　日
金曜日
Vendredi/Friday

私は今日、食事のあいだ、一言もしゃべらないようにします。そして、食べものを味わうことに専念します。食べているあいだは、いっさいほかのことをしません。

この経験は、私に何をもたらすだろうか？

118/365

月　　　日
土曜日
Samedi/Saturday

私は今日、身近な人が私のそばで沈黙している時、私がそのことに対してどのように反応するかを確かめます。

私の身近な人が、私と会話するのではなく、沈黙を選ぶ時、私はどんなふうに感じるだろうか？　拒絶された、あるいは見捨てられたと感じずに、その人の選択を尊重することができるだろうか？

119/365

月　　　日
日曜日
Dimanche/Sunday

私は今日、日常生活において、自分がどれくらい、沈黙の時間を必要としているかを明らかにします。

そのために、私はこれから、どんな態度を取り、どんな行動をする必要があるだろうか？

第 18 週

〈成功〉

成功は、失敗と全く同様に、内面の状態の反映です。
決して、外側に原因があるのではありません。

Semaine.18/Week.18

18/52

120/365

月　　　日
月曜日
Lundi/Monday

私は今日、人生で成功するためには、運が良くなければならないのかどうかを確かめます。そのために、この3週間のあいだに、私に起こった成功体験を、できるだけ多く書き出します。

それらの成功を得た時、私は自分のことを、単に運の良い人間に過ぎない、と考えていただろうか？

121/365

月　　　日
火曜日
Mardi/Tuesday

私は今日、何かに成功した時、自分は単に運が良かったに過ぎない、と考えることは、成功の原因を、自分の心のあり方にではなく、外側の出来事に帰することである、ということに気づきました。

私は、それらの成功は、自分の心のあり方によって引き起こされたのではない、と本当に信じているのだろうか？

122/365

月　　　日
水曜日
Mercredi/Wednesday

私は今日、自分の思い込みや、心のあり方次第で、幸運になることもあれば、不運になることもある、と理解しました。

私は、身近な人たちから、運の良い人間と考えられているだろうか？　それとも運の悪い人間だと考えられているだろうか？

123 /365

月　　日
木曜日
Jeudi/Thursday

私は今日、「私は運が良い」と言うより、「私こそ幸運である」と言うほうが良いことを知りました。つまり、自分の心のあり方によって、成功を生み出せるということです。

「私こそが幸せと成功である」とアファメーションする時、私はどんなことを感じるだろうか？

124 /365

月　　日
金曜日
Vendredi/Friday

私は今日、120（月曜日）で書き出した、3週間の成功体験のリストを読み返します。そして、これらの成功体験の種をまいたのは、本当に自分だったのかどうかを確かめます。

私は、偶然ではなく、自分の内面の反映としての成功をなしとげた、ということを受け入れられるだろうか？

125 /365

月　　　日
土曜日
Samedi/Saturday

私は今日、幸運な出来事も、不運な出来事も、不公平にではなく、申し分なく公平に起きていることを知りました。そして、自分に引き寄せることができるのは、心のあり方が反映された出来事だけだ、ということを受け入れます。

私は、外側の出来事は、私が自分の内面に注意を向けるために起きている、ということを受け入れられるだろうか？

126 /365

月　　　日
日曜日
Dimanche/Sunday

私は今日、成功体験を作るのは常に自分である、ということを確認しました。同じように、他者も、自分でまいた種を刈り取っているのだから、ねたんだり、うらやんだりする理由は、何ひとつない、ということを確認しました。

成功に満ちた人生を創造するために、私はこれから何ができるだろうか？

第 19 週

〈真理〉

本当の自分である時、私たちは、
自分や他者を尊敬し、信頼します。

Semaine.19/Week.19

19/52

127/365

月　　日
月曜日
Lundi/Monday

私は今日、〈本当の自分である〉ということは、考え、気持ち、言葉、行動にブレがないことだと理解しました。ただ、だからといって、思っていることをすべて口にしていい、というわけではありません。

本当の自分である段階を1から10まで分けたとしたら、私は今、どの段階にいるだろうか？

128/365

月　　　日
火曜日
Mardi/Tuesday

私は今日、この１週間で、本当の自分ではなかった状況と、真理の道から外れた理由を、できるだけたくさん、思い出して書きます。

どんな思い込みや恐れがあったから、私は本当の自分でいられなかったのだろうか？

129/365

月　　　日
水曜日
Mercredi/Wednesday

私は今日、身近な人たちに頼んで、この２週間で、私が本当の私ではないように感じられた時を、リストアップしてもらいます。

私は、彼らと一緒にいる時の自分について、どんなことを発見しただろうか？　彼らの指摘を聞いて、私はどんなことを感じただろうか？

130/365

月　日
木曜日
Jeudi/Thursday

私は今日、他者と一緒の時に、本当の自分でいることの、メリットとデメリットをリストアップします。デメリットが分かれば、私が真理に対して、どんなことを恐れているか分かります。

それらの恐れは現実に根拠を持つ恐れだろうか？　それとも単なる想像上の恐れに過ぎないだろうか？

131/365

月　日
金曜日
Vendredi/Friday

私は今日、子どもたちに注意を向けます。彼らの口から自然に出てくることは、大人が必死に隠そうとしていることだからです。

まわりの子どもたちに、本当の自分になる方法を教えてもらおうと考えた時、私はどんなことを感じるだろうか？

132 /365

月　　　日
土曜日
Samedi/Saturday

私は今日、これまで、本当の自分でなかったために起きた不都合なことを、リストアップします。

私は、充分に自分を愛することで、不都合な事を二度と経験しないこと、そして、もっと本当の自分になることを決心できるだろうか？

133 /365

月　　　日
日曜日
Dimanche/Sunday

私は今日、身近な人に、本当の自分になる決意をしたことを伝えます。私が本当の自分でないと彼らが感じた時に、それを私に指摘してもらうためです。

そう決めた時、私はどんなことを感じるだろうか？　その目標を達成するために、どんなことをすればいいだろうか？

第20週

〈美〉

いたるところに美を見出す力は、
いたるところに神を見る能力に等しい。

Semaine.20/Week.20

20/52

134/365

月　　　日
月曜日
Lundi/Monday

私は今日、人生において、美がどれだけ大切なのかを理解しました。〈感情体〉にとって最大のニーズが美なのです。

私は、人や物の美しさをはかる時に、何を基準にしているだろうか？

135 /365

月　　日
火曜日
Mardi/Tuesday

私は今日、自分の持ちものの中で、美を表わす物をリストアップします。

私は、日常生活における、美の大切さを認めているだろうか？　もし認めていないとしたら、それはなぜだろうか？

136 /365

月　　日
水曜日
Mercredi/Wednesday

私は今日、最も親しい人を3人選び、名前を書き出します。そしてその横に、彼らのどの側面が、私の考える〈美しい人〉の基準を満たすのかを書き加えます。

私は、身近な人の中に、簡単に美を見出すことができるだろうか？

137 /365

月　　　日
木曜日
Jeudi/Thursday

私は今日、自分のからだで、美の基準を満たす部位をリストアップします。そして、身近な人に、そのリストに賛成できるかどうかを尋ねます。

自分のからだに美を見出すのは簡単なことだろうか？　身近な人の反応を聞いて、私はどんなことを感じただろうか？

138 /365

月　　　日
金曜日
Vendredi/Friday

私は今日、自分や他者の中に、美を見出すことを邪魔している恐れを、書き出します。

それらの恐れは、現実のものだろうか、それとも想像上のものだろうか？　その恐れは、私にとって、どんなふうに役立つのだろうか？

139/365

月　　　日
土曜日
Samedi/Saturday

私は今日、人生や、自分を含めた人間を、愛すれば愛するほど、美の中で生きたいという願いが強くなることに気づきました。

私は、罪悪感を持たずにそういう生き方をすることを、自分に許せるだろうか？

140/365

月　　　日
日曜日
Dimanche/Sunday

私は今日、もっと美に囲まれた経験をするために、何をなすべきなのか、ということをじっくり考えます。

じっくり考えた計画について、私はどんなことを感じるだろうか？　自分にその価値があるということを、私は受け入れられるだろうか？

第 21 週

〈知性〉

心の平和には、
真の知性が必要です。

Semaine.21/Week.21

21/52

---

141 /365

月　　　日
月曜日
Lundi/Monday

私は今日、真の知性に基づいて生きることの大切さを理解しました。

私にとって、真の知性とはどのようなものだろうか？

142 /365

月　日
火曜日
Mardi/Tuesday

私は今日、真に知的な人は、自分のニーズを中心にすえて生きている、ということに気づきました。また、そういう人は、真の知性を活用して、ニーズを満たしていることが分かりました。他方で、〈表面意識〉に偏っている人は、自分や他者への配慮をせずに、頭で学んだことを人生の中心に置いています。

私は、真の知性を使って生きるということを、決心できるだろうか？

143 /365

月　日
水曜日
Mercredi/Wednesday

私は今日、残念な結果が予想できることを、あえてやろうと決心するのは賢明ではない、ということに気づきました。

私は、たっぷり時間をかけて、私の決心がもたらす結果を、総合的に考えることができるだろうか？

144/365

月　　日
木曜日
Jeudi/Thursday

私は今日、この2週間で決断したことを振り返ります。その中で、自分にとって賢明な決断がどれだったのかを確かめます。

それらを見直したことによって、私は、どんなことに気づくだろうか？

145/365

月　　日
金曜日
Vendredi/Friday

私は今日、自分が、身近な人たちに対してどう振る舞っているかを、時間をかけて確かめます。

私が身近な人たちから同じことをやり返されたと考えた時、私の振る舞いは賢明だったと言えるだろうか？　もしそうでない場合、私はどんな新しい態度を取る必要があるだろうか？

146/365

月　　日
土曜日
Samedi/Saturday

私は今日、次のことが真の知性の基準になることを理解しました。それは、単純さ、効果、一貫性、美、秩序、エコロジーです。

私は、これらの基準を、毎日の生活で、どれくらい尊重しているだろうか？

147/365

月　　日
日曜日
Dimanche/Sunday

私は今日、真の知性に基づいて、３つのことを決めます。そして、決めたことが、昨日の基準を満たしているかを確かめます。

この３つを実行しようと思う時、私は、どんなふうに感じるだろうか？

第 22 週

〈自由〉

自由は、人間の想像力を
大きく開花させます。

Semaine.22/Week.22

22/52

148/365

月　　日
月曜日
Lundi/Monday

私は今日、時間をかけ、自由であることと、解放されていることが、どう違うかを考えます。

私は、自由な人間で、かつ、解放されている人間だろうか？　それとも、そのどちらか一方の人間だろうか？

149/365

月　　日
火曜日
Mardi/Tuesday

私は今日、解放とは、制約や義務がないところで生きることである、と知りました。解放とは、物質的レベルで使われる言葉です。

私は、制約や義務を自分に課すタイプの人間だろうか？　それとも束縛や責務からすぐに自分を解放できるタイプだろうか？

150/365

月　　日
水曜日
Mercredi/Wednesday

私は今日、人生のいろいろな領域において、現在、制約されていることや、義務づけられていることをリストアップします。

私は、なぜ、制約や義務を自分に課し、それらを受け入れるのだろうか？

151/365

月　　日
木曜日
Jeudi/Thursday

私は今日、束縛や義務から解放されることが自由への近道だ、と気づきました。

自分が自由だと考える時、私はどんなことを感じるだろうか？

152/365

月　　日
金曜日
Vendredi/Friday

私は今日、自分の人生を、誰にも（エゴにも）支配されずに、自分らしく生きるのを、自分に許すことが自由である、と理解しました。こういう生き方をすれば、他者に幸せにしてもらおうと思う必要がありません。

自由の段階を1から10まで分けたとしたら、私は今、どの段階にいるだろうか？

153/365

月　　日
土曜日
Samedi/Saturday

私は今日、身近な３人の人に、私を、どのくらい自由な人間だと思っているかを尋ねます。そして、何を基準に、彼らがそう思うのかを確かめます。

私が自覚しているのと同じ程度の自由を、彼らは私に認めているだろうか？　彼らの指摘を聞いて、私は、どんなふうに感じるだろうか？

154/365

月　　日
日曜日
Dimanche/Sunday

私は今日、自由とは、スピリチュアルな次元で使われる言葉である、ということを理解しました。つまり、自由は、何かをしたり、何かを得たりすることではなく、状態を指すのです。

たとえ義務があっても、私は自由でいられるだろうか？　もっと自由になるために、私は何を決心するだろうか？

> 第 23 週
>
> # 〈価値〉
>
> 自分が神であることを思い出す時、
> あなたは自分の真の価値を知ります。
>
> Semaine.23/Week.23
> *23/52*

155/365

月　　日
月曜日
Lundi/Monday

私は今日、私が認めている自分の価値は、他者によって認められた価値であることに気づきました。

私は、毎日の生活で、自分の価値を高めているだろうか？　それとも、自分の価値をおとしめているだろうか？

156 /365

月　　　日
火曜日
Mardi/Tuesday

私は今日、次の領域において自分にはどんな価値があるかを、時間をかけて、しっかり見直します。仕事、夫婦関係、セクシャリティ、外見、知識、子どもとの関係、財産、お金。

上記の領域で、自分の価値の段階を1から10まで分けた時、私は今、どの段階にいるだろうか？

157 /365

月　　　日
水曜日
Mercredi/Wednesday

私は今日、どの領域で、自分の価値を大切にせず、おとしめているかを確かめます。

どんな恐れがあるために、私は自分の価値を大切にすることができないのだろうか？

158/365

月　日
木曜日
Jeudi/Thursday

私は今日、自分の価値をもっと大切にした方がいい領域を、すべて書き出します。また、自分の価値を高めようとする時に、自分が何を恐れるのかを考えます。

これらの恐れは、根拠のあるものだろうか？　そして、今も私にとって役立つものだろうか？

159/365

月　日
金曜日
Vendredi/Friday

私は今日、身近な人に、私が、自分の価値をおとしめるような表現を使った時は、知らせてくれるようにお願いします。

このエクササイズを通して、私は、新しい自分を発見できるだろうか？

160 /365

月　　　日
土曜日
Samedi/Saturday

私は今日、時間をかけて、身近な人の価値をもっと認めるようにします。こうすることで、自分の価値も、さらに認められるようになることが分かったからです。

私は、他者の価値をすぐに認めることができるだろうか？　他者の価値を認める時、私はどんなことを感じるだろうか？

161 /365

月　　　日
日曜日
Dimanche/Sunday

私は今日、自分の価値を受け入れ、自分の価値を認めれば認めるほど、他者に期待しなくなることに気づきました。

もっと自分の価値を高めるため、日常的にできることはあるだろうか？　そのような行動を3つ書き出してみよう。

> 第 24 週
>
> # 〈経験〉
>
> 人生において、無駄な経験は何ひとつありません。すべてが、人生で望むこと、望まないことを知る上で必要な経験なのです。
>
> Semaine.24/Week.24
>
> *24/52*

162/365

月　　日
月曜日
Lundi/Monday

私は今日、人生において失敗はなく、そこにあるのはニュートラルな経験だけだ、ということを知りました。

私は、自分の真実として、このことを受け入れられるだろうか？　受け入れられないとしたら、それはなぜだろうか？　受け入れられるとしたら、今日からこのことを実践するには、どうしたらいいだろうか？

163/365

月　　日
火曜日
Mardi/Tuesday

私は今日、「すべては経験である」ということを受け入れます。良い出来事も悪い出来事もなく、すべては中立的な経験なのです。

私は今後、以上のように物事をとらえることができるだろうか？

164/365

月　　日
水曜日
Mercredi/Wednesday

私は今日、すべての出来事を経験として受け入れれば、人生の観察者になれることが分かりました。

私は今日、どの程度、人生の観察者でいられただろうか？

165 /365

月　　　日
木曜日
Jeudi/Thursday

私は今日、さまざまな経験をするために、自分がこの世に生を受けたことを知りました。そして、さまざまな経験をするのは、何が私のニーズに最もよく応えてくれるのか、を知るためなのです。

自分が変化する上で、すべての経験が役に立つと考える時、私はどんなふうに感じるだろうか？

166 /365

月　　　日
金曜日
Vendredi/Friday

私は今日、時間をかけて、この2週間で経験した不愉快な出来事を3つ思い出します。そして、これらの経験が、自分のためにどう役立ったかについて書きます。

これらの経験が役立ったと認める前と、認めた後で、私はそれぞれどんなことを感じただろうか？

167/365

月　　日
土曜日
Samedi/Saturday

私は今日、身近な人 3 人に対し、彼らが不愉快な経験だと考えていた出来事は、実は彼らのために役立つものだった、と気づけるようにアドバイスをします。

私も、同じことに気づけるだろうか？

168/365

月　　日
日曜日
Dimanche/Sunday

私は今日、これまでの人生で、最もつらかった出来事を 3 つ書き出します。そして、それらの出来事を受け入れた際に、どんなことが役に立ったのかを思い出します。私がそれらの出来事を受け入れたために、それらは、私の人生で、二度と繰り返すことがありませんでした。

このエクササイズを通して、私は、自分についてどんな新しい発見をしただろうか？　また、これらの経験に感謝できるだろうか？

第 25 週

〈笑い〉

目や口を使って笑うこともあれば、からだ全体で
笑うことも、魂のレベルで笑うこともできます。

Semaine.25/Week.25

25/52

169/365

月　　　日
月曜日
Lundi/Monday

私は今日、この2週間で大笑いした出来事を書き出します。

大笑いする時、私はどんなことを感じるだろうか？　笑う回数が、思ったよりも少ないのは、なぜだろうか？

170 /365

月　　日
火曜日
Mardi/Tuesday

私は今日、日常で関わる人たちの中で、よく笑う人を観察します。

私は、よく笑う人たちのことを、どうとらえているだろうか？　非難しているだろうか？　それとも、あこがれているだろうか？

171 /365

月　　日
水曜日
Mercredi/Wednesday

私は今日、自分のつらい体験が、からかいの対象になる時、自分がどう感じるかを確かめます。

私は、そういう自分を笑い飛ばせるだろうか？　それとも、腹を立てるだろうか？

172/365

月　　日
木曜日
Jeudi/Thursday

私は今日、なるべくたくさんの身近な人に、私が、きまじめな人に見えるか、それとも、人生を楽しんでいるように見えるか、尋ねます。

彼らの感想を聞いて、私は、どんなことを感じるだろうか？

173/365

月　　日
金曜日
Vendredi/Friday

私は今日、少なくとも３人の人を笑わせる方法を考えます。

ほかの人を笑わせる時、気持ちいいと感じるだろうか？　それとも、滑稽な人、不まじめな人と思われるのを恐れるだろうか？

174/365

月　　日
土曜日
Samedi/Saturday

私は今日、自分が好きなだけ笑うことを邪魔している恐れについて、確かめます。私は、どんな恐れを見つけるだろうか？　それらの恐れは、現実のものだろうか、それとも想像上のものだろうか？

175/365

月　　日
日曜日
Dimanche/Sunday

私は今日、笑いが、心身を若く、健全に保つことを知りました。「笑う門には福来たる」ということわざを心に留め、これから毎日、笑うことを決心しました。決心したことを具体化するには、どうすればいいだろうか？

第 26 週

〈決断〉

私たちは、いつも何かを決断しています。幸せになることを決断する人もいれば、不幸せになることを決断する人もいます。

Semaine.26/Week.26

26/52

176/365

月　　　日
月曜日
Lundi/Monday

私は今日、次の領域における、自分の決断力を確かめます。夫婦関係、セクシャリティ、子どもとの関係、仕事、自分のための買いもの、ほかの人のための買いもの、余暇、セミナーや勉強、健康、食事、休息。それぞれの領域において、決断力に関する、1から10までの段階のうち、どの段階に達しているかを考えます。

このエクササイズを通して、私は、自分について、どんなことを発見するだろうか？

177 /365

月　　　日
火曜日
Mardi/Tuesday

私は今日、２つの重要なステップを踏めば、人生において何事も即決できることを知りました。１つ目のステップは、自分の真のニーズを知ることです。２つ目のステップは、自分のニーズに応じて決断した自分を愛せるかどうか、を確かめることです。

私は、この２つのステップをうまく実践できるだろうか？　できない場合、それはなぜだろうか？

178 /365

月　　　日
水曜日
Mercredi/Wednesday

私は今日、自分のニーズに耳を傾ける練習をします。ニーズが見つからない領域については、次のように自分に問いかけます。「もし、お金や時間など、すべてを自由に使うことができて、誰にも迷惑をかけないことが分かっている時、私はいったい何をやりたいだろうか？」

私は、自然に浮かんだ最初の考えを、受け入れることができるだろうか？

179/365

月　　日
木曜日
Jeudi/Thursday

私は今日、自分が何かを決断できない領域をリストアップします。そして、それぞれの領域において、決断を邪魔している恐れについて書き出します。

それらの恐れは、現実的なものだろうか？　それとも、私が自分で考え出したものに過ぎないのだろうか？　その恐れは、今でも私の役に立っているだろうか？

180/365

月　　日
金曜日
Vendredi/Friday

私は今日、自分にとって、次の、どちらの状況がつらいかを考えます。
①決断せず、なりたい自分になることをあきらめる
②決断するが、心配していたことが起こる

私は、両方の可能性を検討して、どちらを選ぶだろうか？

181/365

月　　日
土曜日
Samedi/Saturday

私は今日、ほかの人に助けてもらって、自分のニーズを見つけ、自分を勇気づけ、決断することもできる、ということを受け入れます。

私を助けてくれる人は誰だろうか？　私は、その人に、素直に助けを求めることができるだろうか？

182/365

月　　日
日曜日
Dimanche/Sunday

私は今日、自分の人生を決めることができるのは自分だけだ、ということを知りました。人生の１つの領域で、ある決断をし、あとは行動に移すだけです。〔翌週に続く〕

こう決心して、私は、どんなことを感じるだろうか？

第 27 週

〈行動〉

行動することは、人間にとって基本的なことです。
何もしないと、潜在能力が退化します。

Semaine.27/Week.27

27/52

183/365

月　　　日
月曜日
Lundi/Monday

私は今日、自分が、望みをはっきりさせてから行動するタイプなのか、それとも、その行動によって望みが実現するかどうかが分からないまま行動するタイプなのか、を見きわめます。

このエクササイズをする時、私はどんなことを感じるだろうか？

184/365

月　　日
火曜日
Mardi/Tuesday

私は今日、じっくり時間をかけて、この3カ月で決めたことの中で、まだ計画段階にあること、つまり実行に移していないことを書き出します。第26週の176（月曜日）でリストアップした領域を見ながら、このエクササイズをします。

私が、決めたことを実行できないのは、どの領域だろうか？

185/365

月　　日
水曜日
Mercredi/Wednesday

私は今日、昨日のエクササイズで見つけた領域において、私の行動をブロックしている恐れについて書き出します。それぞれの恐れの横に、父親または母親が、同じ恐れを持っていたかどうかを書き加えます。

大人になった現在の私にとっても、それらの恐れは現実的なものであると、私は信じ続けるのだろうか？

186/365

月　　日
木曜日
Jeudi/Thursday

私は今日、それが自分の望みかどうかを確かめずに、性急な行動をする時、そこにどんな恐れがあるのかを書き出します。それぞれの恐れの横に、父親または母親が、同じ恐れを持っていたかどうかを書き加えます。

大人になった現在の私にとっても、それらの恐れは現実的なものであると、私は信じ続けるのだろうか？

187/365

月　　日
金曜日
Vendredi/Friday

私は今日、今週のエクササイズで見つかった恐れについて、じっくりと考えます。また、今は恐れによって邪魔されているけれど、日常生活において、どんなことをしたいか、どんなものが欲しいか、どんな人になりたいか、を書き出します。それが、私が人生において、本当に望んでいることだからです。

私は、自分に対する愛をはぐくみながら、自分のニーズに耳を傾けることができているだろうか？　それとも、今後も、私は恐れに耳を傾け続けるつもりだろうか？

188 /365

月　　　日
土曜日
Samedi/Saturday

私は今日、身近な人に、自分がどんな時に行動できるか、どんな時に行動できないか、ということに関して、彼らが同意するかどうかを確かめます。さらに、自分がどんな恐れを持っているか、そして、それらの恐れのせいで自分のニーズを聞いていないどんな領域があるか、ということを彼らに話します。

このエクササイズを通して、私はどんなことを発見しただろうか？　身近な人と語り合って、私はどんなふうに感じただろうか？

189 /365

月　　　日
日曜日
Dimanche/Sunday

私は今日、自分の行動に特別の注意を払います。その行動を、自分に対する愛に基づいて選んだのか、あるいは何かに対する恐れに基づいて選んだのか、を確かめます。

愛と恐れでは、どちらが勝つのだろうか？

第28週

〈寛大さ〉

寛大さは、強さと受容のしるしです。
それに対し、不寛容は、弱さと恐れのしるしです。

Semaine.28/Week.28

28/52

190/365

月　　日
月曜日
Lundi/Monday

私は今日、寛大さとは、他者が、自分とは異なる意見や態度を持つことがある、という事実を受け入れる能力だと知りました。

私は、寛大な人間だろうか？　寛大さの段階を1から10まで分けたとしたら、私は今、どの段階にいるだろうか？

191 /365

月　　日
火曜日
Mardi/Tuesday

私は今日、自分が怒りを感じながら、相手に、自分の考えのほうが優れていると認めさせる時、私は寛大な人ではなく、操作する人になっている、ということに気づきました。

昨日の自己評価と照らし合わせてみて、私は、自分が思うほど寛大な人間なのだろうか、と考えます。

192 /365

月　　日
水曜日
Mercredi/Wednesday

私は今日、以下の領域において、自分が寛大な人間なのか、操作する人間なのか、を確かめます。夫婦生活、子育て、子どもの学校教育、お金、外出やレジャー、仕事、健康、食事、セクシャリティ。

このことが分かって、私はどんなふうに感じるだろうか？　190（月曜日）で評価した自分の寛大さについて、今でも同意できるだろうか？

193/365

月　　　日
木曜日
Jeudi/Thursday

私は今日、私をよく知っている3人に、昨日のエクササイズで挙げた領域において、私が寛大であるかどうか尋ねます。そして、彼らの感想を書きとめます。

私は、自分のことをよく知っていると言えるだろうか？　私は、自分のよき観察者と言えるだろうか？

194/365

月　　　日
金曜日
Vendredi/Friday

私は今日、何かに同意できない時に、私が寛大になることをブロックする恐れについて、じっくり時間をとって考え、それらを書き出します。

それらの恐れは、現実のものだろうか？　私が相手に対して寛大になっても、それらの恐れは必ず現われるのだろうか？

195/365

月　　日
土曜日
Samedi/Saturday

私は今日、まわりにいる、不寛容な人たちに注意を向けます。そして、彼らの振る舞いに対して、自分がどんなふうに感じるかを確かめます。不寛容な人が、私を操作しようとする時、自分が寛容なままでいられるかどうか、を確かめます。

彼らの恐れは、私が不寛容になる時に持つ恐れと同じである、と感じられるだろうか？

196/365

月　　日
日曜日
Dimanche/Sunday

私は今日、出会う人すべてに対して、また、経験するあらゆる状況において、限界まで寛容でいることを決心します。

自分が不寛容になることを、時には、自分に許すことができるだろうか？いつの日か、もっと寛大になれることを期待しつつ、私の一部である恐れ（人格）に対して、思いやりの気持ちを持つことができるだろうか？

第 29 週

〈鏡〉

自分を取り巻くすべてが鏡である、と認めるには、達観することが必要です。

Semaine.29/Week.29

29/52

197/365

月　日
月曜日
Lundi/Monday

私は今日、《鏡の法則》を使うことは、自分を取り巻くすべて、特にまわりの人間を通して、自分自身を見つめなおすことだと知りました。まわりにいる人は、すべて、私が意識していない自分自身の側面に気づくことを助けてくれます。

《鏡の法則》について、私はどんなふうに感じるだろうか？　私は、この法則を、今すぐに、そして頻繁に使おうとするだろうか？

198/365

月　　日
火曜日
Mardi/Tuesday

私は今日、私生活や仕事で付き合いのある人たちの中から、不愉快な人をリストアップします。私をいらだたせたり、怒らせたり、批判的な気持ちにさせたりする人を観察します。そして、彼らが不愉快な振る舞いをする時、自分が彼らの何を責めているのかを書き出します。

私が、最も不愉快な感じを受けるのは、どんなタイプの人だろうか？　私は、彼らの何を非難しているのだろうか？

199/365

月　　日
水曜日
Mercredi/Wednesday

私は今日、私が他者を非難するのは、他者の中に、自分が受け入れたくない自分自身の一部（人格）や、認めたくない存在を見るからだ、と気づきました。私が非難する人たちに尋ねて、どういう時に、彼らが私を同じことで非難しているかを確かめます。

私は、謙虚な気持ちで、このことができるだろうか？　もし謙虚になれないとしたら、それはなぜだろうか？　謙虚になれるとしたら、私は、彼らから何を学ぶだろうか？

200/365

月　　日
木曜日
Jeudi/Thursday

私は今日、自分にはないと考える長所を持つがゆえに、他者をほめることがあることを意識化します。そして、そのことを通じて、実は、自分も同じ長所を持っているのに、それを受け入れていないことに気づきます。私を良く知る人に尋ねて、みずから受け入れていなくても、私がその長所を持っている、ということを確かめます。

私は、謙虚な気持ちで、このことに取り組むことができるだろうか？　もし謙虚になれないとしたら、それはなぜだろうか？　謙虚になれるとしたら、私は、彼らのおかげで何を学ぶことができるだろうか？

201/365

月　　日
金曜日
Vendredi/Friday

私は今日、自分の内面を見つめて、自分の長所や短所を認めることをブロックしている恐れについて考えます。そして、すべての恐れを書き出します。また、恐れの横に、以下の、どの〈心の傷〉が呼び覚まされるのか、書き加えます。拒絶、見捨て、侮辱、裏切り、不正。

これらの恐れは、現実的なものだろうか？　大人になった現在の私にとっても、現実的な恐れだろうか？

202/365

月　　　日
土曜日
Samedi/Saturday

私は今日、他者の振る舞いが気にさわる時、または、他者を素晴らしいと思う時、きちんと時間をとって、次のように自分に問いかけます。「私は、相手のどういう点を責めているのだろうか？」「私は、相手のどういう点を素晴らしいと思っているのだろうか？」次に、自分もまた、それらと同じ短所や長所を持っていることを確認します。

私は、その理由は分からなくても、短所または長所を持つことを恐れている自分の一部（人格）に対して、思いやりの気持ちを持つことができるだろうか？

203/365

月　　　日
日曜日
Dimanche/Sunday

私は今日、人生において、《鏡の法則》を使うことの大きなメリットを知りました。それは、自分の何を受け入れていないかに気づくことです。次に、《受容の法則》と呼ばれるものを使ってそれらを受け入れれば、自分に対する愛にあふれて生きることができます。こうしたやり方を取り入れることによって、私は、もっとまわりの人を受け入れられるようになります。

これからは誰かを批判する前に、こうしたやり方を使ってみようと考える時、私はどんなふうに感じるだろうか？

第 30 週

〈和解〉

真の癒しに至るには、他者と和解し、自分を許すことが、一番の近道であり、最も有効な方法です。

Semaine.30/Week.30
30/52

204/365

月　　日
月曜日
Lundi/Monday

私は今日、エゴにとって、とても難しいアプローチに取りかかる準備を始めます。そして、今も、私が恨みや憎しみをいだいている人と、和解する決心をします。

このことを決心した時、私はどんなふうに感じるだろうか？

205/365

月　　日
火曜日
Mardi/Tuesday

私は今日、自分が非難している人の名前をすべてリストアップします。私が彼らを責めているのは、自分の存在が傷つけられたと感じたからです。幼少時代までさかのぼって、ほかに自分が責めている人がいないかどうかを振り返り、漏れのない完全なリストを作ります。

名前を挙げたそれぞれの人との経験の中で、以下のどの〈心の傷〉が呼び覚まされたのだろうか？　拒絶、見捨て、侮辱、裏切り、不正。

206/365

月　　日
水曜日
Mercredi/Wednesday

私は今日、昨日リストアップした人たちと和解したいのなら、その前に《鏡の法則》を適用しなければならないことを理解しました。《鏡の法則》は、とても大切なステップです。他者との違いを受け入れて、自分を許せるようになります。

たとえ、自分の存在が傷つけられたと感じたとしても、私は、この法則を適用できるだろうか？

207/365

月　　　日
木曜日
Jeudi/Thursday

私は今日、理由は何であれ、自分が他者を責める時、相手も同じ理由で私を批判し、責めていることに気づきました。このことに気づくと、相手を恨む気持ちが消え、苦しんでいる相手や自分に対して、思いやりの気持ちが持てるようになります。

今日、少なくとも1人に対して、このエクササイズをやってみた時、私は、どんなふうに感じただろうか？

208/365

月　　　日
金曜日
Vendredi/Friday

私は今日、どんな時に、和解、つまり真の許しが起こるのかに気づきました。それは、私が、相手を責めた自分、相手に同じような経験をさせた自分を許す時です。

私は、自分の一部（人格）が苦しんでいるがゆえに意地悪になったり、相手を責めたりした自分に対して、思いやりの気持ちを持てるだろうか？
この世の中には、意地悪な人は1人もおらず、いるのは、ただ苦しんでいる人だけなのだ、と認めることができるだろうか？

209 /365

月　　　日
土曜日
Samedi/Saturday

私は今日、もっと深く掘り下げて、自分が誰を恨んでいるのかを確かめます。私がリストアップした人と経験したことは、両親や、親がわりとなった人とのあいだで作られた〈心の傷〉から来ています。女性を責めているなら、母親とのあいだで経験したことが原因となっており、男性を責めているなら、父親とのあいだで経験したことが原因となっているのです。

私は、両親に対する恨みに気づくために必要な関連付けができるだろうか？　両親の振る舞いによって〈心の傷〉が痛む時、両親を恨むことは人間的なことなのだと理解して、両親を恨む自分を許せるだろうか？

210 /365

月　　　日
日曜日
Dimanche/Sunday

私は今日、私が恨みや憎しみを今もいだいている人たちの中から、1人を選びます。そして自分が体験したことをその人に伝えます。そして、その人が、私や、私と同性の人に対して、同じ苦しみや恐れを持ったことがあるかどうかを尋ねます。このことを共有する目的は、相手に許しを請うことでも、その結果、相手に許してもらうことでもありません。互いに思いやりの気持ちを持ち、深い和解に至ることが、ただ1つの目的なのです。

相手の反応を恐れたにもかかわらず、また、居心地が悪くなることを恐れたにもかかわらず、このことに取り組んだ自分を、私はどんなふうに感じるだろうか？　この和解の後に、どんな、肉体面、感情面、精神面の癒しが起こるだろうか？

第31週

〈楽しみ〉

楽しみや喜びを知っていることは、
心の慰めになります。

Semaine.31/Week.31

31/52

211/365

月　　日
月曜日
Lundi/Monday

私は今日、時間を充分にとって、〈楽しみ〉という言葉について考えます。そして、自分の日常生活にある楽しみについて書き出します。また、楽しみの類義語を、少なくとも5つ、見つけます。

自分を楽しませようと考えた時、私はどんなことを思い起こすだろうか？

212/365

月　　日
火曜日
Mardi/Tuesday

私は今日、楽しむことは、肉体、感情、精神のニーズを満たすことと関係がある、ということを知りました。人生を楽しみたいと思うことは、人間として当然のことです。ただし、楽しむことは、必ずしも、遊ぶことや面白がることと同じではありません。

平凡な一日の中で、私は楽しむ時間をどれくらい持てるだろうか？

213/365

月　　日
水曜日
Mercredi/Wednesday

私は今日、自分が楽しむことよって、他人を楽しませようとしたかどうかを確かめます。そして、相手を楽しませようとする時、自分も楽しんでいることに気づきました。

私は、自分は楽しんでいないのに、他人を楽しませようとすることがあるだろうか？　もしあるならば、私は、何が、または、誰が怖いから、そうするのだろうか？

214/365

月　　日
木曜日
Jeudi/Thursday

私は今日、次の領域で、どれだけ自分が楽しんでいるのかを確かめます。夫婦関係、セクシャリティ、子どもとの関係、余暇、セミナーや勉強、旅行、仕事、スピリチュアリティ。

このエクササイズをしてみて、私は、簡単に楽しみを見出すことができる人間だということが分かっただろうか？

215/365

月　　日
金曜日
Vendredi/Friday

私は今日、自分が楽しむことのできない領域を、すべて書き出します。そして、自分がやりたいことをやるのを邪魔している恐れを書き加えます。

私の両親も同じような恐れを持っているだろうか？　私は今後も、これらの恐れを持ち続ける必要があるだろうか？

216 /365

月　　　日
土曜日
Samedi/Saturday

私は今日、楽しむことは、わがままとは全く違う、ということを理解しました。わがままな人とは、他者の不利益をかえりみずに何かを欲しがる人のことです。つまり、自分の喜びのために、他者から何かを奪う人のことです。

上の定義に照らし合わせた場合、私が楽しむのは、わがままな人間だからだろうか？

217 /365

月　　　日
日曜日
Dimanche/Sunday

私は今日、ふだん楽しむことができない３つの領域で、楽しむことにしようと決意します。自分以外に、私を楽しませてくれる人は、誰ひとりいないことに気づきました。何をすれば自分が心から楽しめるのか、を知っているのは、まさに私だけです。

罪悪感を持たず、自分にその権利があると確信して、このエクササイズを行なうことができただろうか？

第32週

〈統御〉

統御することは、何か、または、誰かを
所有しようと思わず、すべてを愛することです。

Semaine.32/Week.32
32/52

218/365

月　　　日
月曜日
Lundi/Monday

私は今日、統御することと操ることの区別を学びます。恐れがあり、成果に執着しすぎる時、私は〈操る〉状態にあります。自分に選ぶ権利があることを知り、自分の期待に基づいて選ぶ時、私は〈統御する〉状態にあります。

1日のうち、どのくらいの割合で、私は、統御する状態、または、操る状態にあるだろうか？

219/365

月　　　日
火曜日
Mardi/Tuesday

私は今日、自分の人生の主人公になることは、他者に影響されずに、みずから決断することだと気づきました。何か、または誰かを恐れてではなく、自分に対する愛に基づいて決める時、私は、自分の人生の主人公になることができます

私は、どのくらい自分で決断することができているだろうか？

220/365

月　　　日
水曜日
Mercredi/Wednesday

私は今日、自分の人生の主人公になることは、必ずしも、欲しいものを手に入れ、したいことをし、なりたい自分になることではない、ということを知りました。私は、自分に限界があることを知っているので、時には、自分の望むこととは逆の選択をすることもあります。でも、それが、自分への愛に基づいた選択であることに、変わりはありません。

私は、自分の限界を嫌悪することなく、自分を統御することができるだろうか？

221 /365

月　　　日
木曜日
Jeudi/Thursday

私は今日、以下の領域において、自分が、状況を統御しているかどうかを考えます。仕事、夫婦関係、セクシャリティ、子どもとの関係、余暇や旅行、スピリチュアリティ。

このエクササイズを通して、私は、どんなことを発見しただろうか？　そして、発見したことに関して、私はどんなふうに感じただろうか？

222 /365

月　　　日
金曜日
Vendredi/Friday

私は今日、昨日のエクササイズで考えた領域の中で、自分で決断できない領域を確認します。そして、それぞれの領域で、人生の主人公になることを邪魔している恐れを書き出します。

私は、恐れを持つことを自分に許せているだろうか？　そして、それらの恐れは一時的なもので、いつかは自分の望み通りに人生の主人公になれる、ということを知っているだろうか？

223 /365

月　　日
土曜日
Samedi/Saturday

私は今日、私をよく知っている３人に尋ねて、私がふだん、自分の人生を統御しているように思うかどうか、彼らの意見を確かめます。また、自分がいろいろな領域において、日常的に状況を統御しているかどうかを確かめます。

彼らが考える、私の統御する能力は、私が考えるそれと一致しているだろうか？

224 /365

月　　日
日曜日
Dimanche/Sunday

私は今日、充分に時間をとって、人生において、または、ある状況において、自分が主人公になった状態を書き出します。そして、私が自分の主人公になることが、自分や身近な人に対して、どんなメリットをもたらすかを書き加えます。

私は今日、どれくらい自分の人生を統御することができただろうか？　そして、発見したことについて、私はどんなふうに感じただろうか？

第 33 週

〈変化〉

人間が進化する上で、変化は
必要かつ有益なものです。

Semaine.33/Week.33

33/52

225/365

月　　日
月曜日
Lundi/Monday

私は今日、世の中は、今、大きな変化の流れの中にあることを知りました。すなわち、私やまわりの人たちに、予期せぬ大きな変化が起こることは、ごく自然なことなのです。

私には、どれくらい、不安や恐れを感じずに変化を受け入れる力があるだろうか？

226/365

月　　　日
火曜日
Mardi/Tuesday

私は今日、私生活や仕事で起こった変化について、リストアップします。

私は、それらの変化をどんなふうにとらえていただろうか？　または、今、どんなふうにとらえているだろうか？　新しい状況を目の前にして、私は、恐れているだろうか、落ち着いているだろうか、それとも、高揚しているだろうか？

227/365

月　　　日
水曜日
Mercredi/Wednesday

私は今日、自分が、変化に対応できない領域を書き出します。また、私個人に関わる変化が起こった時、または、起ころうとする時、どのような恐れに支配されるかを書き出します。

これらの恐れは、実在するものだろうか？　それとも、想像上のものだろうか？　これらの恐れは、私にとって、役立つものだろうか？

228/365

月　日
木曜日
Jeudi/Thursday

私は今日、変化を恐れるのは、あることと決別し、別のことを生み出すのを恐れているからだ、ということに気づきました。また、人生で自分が引き寄せることは、すべて、私が前進し、新しい局面に移行するために必要である、ということを知りました。

私は、どの程度、新しい自分になることを受け入れられるだろうか？

229/365

月　日
金曜日
Vendredi/Friday

私は今日、自分が変化を起こすべき領域を、すべて書き出します。私は、自分が変わらなければならないことを知っていたのに、これまで、それをずっと先のばしにしてきました。

私は、どんな行動を起こすべきだろうか？　そこに到達するには、心のあり方をどんなふうに変化させるべきだろうか？

230/365

月　　　日
土曜日
Samedi/Saturday

私は今日、自分を変えるための行動を、実行に移そうと決意しました。そうした変化を起こすために、少なくとも３つのことを具体的に決めます。それは、言葉で人に頼むことでも、また、みずから行動することでもいいのです。

私は、この決意と変化に対して、どんな気持ちがするだろうか？

231/365

月　　　日
日曜日
Dimanche/Sunday

私は今日、この３カ月のあいだに、自分の大切な人に起こった変化について書き出します。そして、どの程度、自分が彼らの変化を受け入れたかを確かめます。他者の変化をどれくらい受け入れられるかが、自分の変化をどれくらい受け入れられるかを決めるのです。

私は、どの程度、不安や恐れを持たずに他者の変化を受け入れることができるだろうか？

第 34 週

〈夢中〉

人間は、夢中になれることがあるから、
大きな潜在的エネルギーを持ち続けられるのです。

Semaine.34/Week.34

34/52

232/365

月　　　日
月曜日
Lundi/Monday

私は今日、〈夢中〉という言葉には、物事に熱中すること、つまり〈内なる神〉とつながる意味が含まれている、ということを知りました。内なる神は、私のニーズを知っていて、愛と歓びの中で生きています。

私は、自分を情熱的な人間だと思っているだろうか？

233/365

月　　日
火曜日
Mardi/Tuesday

私は今日、夢中になることを教えてくれる最高の先生は、子どもたちであることに気づきました。彼らはとても自然に夢中になれるからです。

私は、どの程度、夢中になっている子どもたちを受け入れることができるだろうか？

234/365

月　　日
水曜日
Mercredi/Wednesday

私は今日、時間をかけて、この３カ月で、夢中になった状況を思い出して書き出します。

私が夢中になった状況の中に、何か特別なことは発見できただろうか？

235 /365

月　　日
木曜日
Jeudi/Thursday

私は今日、身近な人に尋ねて、彼らが私のことを情熱的な人間だと考えているかどうかを確かめます。そして、私が熱くなっている時と冷めている時の例を挙げてもらいます。

私は、彼らの指摘によって、どんなことを発見するだろうか？　発見したことについて、私はどんなふうに感じるだろうか？

236 /365

月　　日
金曜日
Vendredi/Friday

私は今日、この3カ月で、自分が夢中になれなかった領域や状況について書き出します。また、夢中になることを邪魔している恐れについても書き加えます。

私が夢中になれないのは、恐れのせいだろうか？　それとも、自分のニーズに耳を傾けていないせいだろうか？

237 /365

月　　　日
土曜日
Samedi/Saturday

私は今日、私生活や仕事で付き合いのある、身近な人について考えます。そして、その中から、情熱的な人間だと私が考える人の名前を書き出します。

私は、どういう側面を見て、彼らを情熱的な人間だと感じたのだろうか？彼らの長所は、どういうところだろうか？

238 /365

月　　　日
日曜日
Dimanche/Sunday

私は今日、自分が素晴らしいと感じる他者の側面は、私が、何かや誰かを恐れているために、外に出せない自分の長所であることに気づきました。

子どものように夢中になる感覚を取り戻すために、私は、自分の本当の力を表現することができるだろうか？

第35週

〈努力〉

頂上に到達するには、
かなりの努力が必要です。

Semaine.35/Week.35

35/52

239/365

月　　日
月曜日
Lundi/Monday

私は今日、人生において、人は努力すべきなのかどうか、について考えます。
私は、目標を達成するために努力すべきだと考えているだろうか？　私は努力家タイプだろうか？

240 /365

月　　日
火曜日
Mardi/Tuesday

私は今日、以下の領域の中で、自分が努力している領域をリストアップします。仕事、夫婦関係、セクシャリティ、子どもとの関係、健康、趣味、家事、お金（貯金、出費など）、勉強。

私は、発見したことについて、どんなふうに感じるだろうか？

241 /365

月　　日
水曜日
Mercredi/Wednesday

私は今日、努力は、何かや誰かに対する恐れが動機になることもあるし、自分に対する愛が動機になることもある、と気づきました。また、恐れが動機となる努力には、苦しみが伴うことが分かりました。

私が努力する動機は何だろうか？　領域によって動機が変わるだろうか？

242/365

月　　日
木曜日
Jeudi/Thursday

私は今日、自分が、誰かや何かを恐れて努力する領域を書き出します。そして、それぞれの領域の横に、その恐れを書き加えます。

それらの恐れは現実的なものだろうか？　大人になった現在でも、私は、それらの恐れを信じ続けるのだろうか？

243/365

月　　日
金曜日
Vendredi/Friday

私は今日、人生において、時に努力が必要なことがある、ということを知りました。自分に対する愛に基づいて努力する時、それは自分の心のニーズに応えるためであり、自分でも気づいていない潜在能力を開発する機会なのです。

自分の潜在能力を開発するために、私は、どの程度、努力する用意があるだろうか？

244/365

月　　日
土曜日
Samedi/Saturday

私は今日、自分が、誰かや何かを恐れて努力している領域を確認します。そして、それらの領域で本当に努力すべきかどうかを考えます。

努力すべきだと考える場合、その動機を、恐れではなく、自分に対する愛に変えられるだろうか？

245/365

月　　日
日曜日
Dimanche/Sunday

私は今日、自分の望むような結果が得られなかった領域を1つ選びます。努力が必要とされる場合も含め、目的達成のためのさまざまな方法について、よく考えます。

自分の限界を超える場合には、方法を変えることもできる、ということを念頭に置いた上で、本気で努力する覚悟が私にはあるだろうか？

第36週

〈瞑想〉

瞑想の時間は、自分自身と向き合う
大切な時間です。

Semaine.36/Week.36

36/52

246/365

月　　　日
月曜日
Lundi/Monday

私は今日、さまざまなスピリチュアルな教えや宗教は、はるかな昔から、瞑想を実践することを勧めてきた、ということを知りました。瞑想を実践することによって、自分の内面と向き合うことができます。瞑想は、現代のストレス社会において、特に必要です。

私は、瞑想を実践することについて、どんなふうに考えるだろうか？　私は瞑想する時間をとるだろうか？

247 /365

月　　日
火曜日
Mardi/Tuesday

私は今日、1日の中で最も瞑想に適しているのは、静かな波動が出ている日の出の時間帯だと知りました。瞑想は、背筋を伸ばして、床に座ったり、椅子に座ったりして行ないます。

私は、瞑想のよさを理解するために、これから1週間、毎朝瞑想すると決心できるだろうか？

248 /365

月　　日
水曜日
Mercredi/Wednesday

私は今日、何かを考えたり思ったりすることが瞑想である、ととらえていたことに気づきました。しかし、真の瞑想とは、1人の時間を作り、まわりで起きていることを、ただ観察することです。例えば、自分の呼吸を感じたり、体内で起きていることを観察したり、まわりの音に注意を向けたりすることです。

私は、全く分析することなく、上記のように、ただ観察することができるだろうか？

249 /365

月　　　日
木曜日
Jeudi/Thursday

私は今日、瞑想のメリットを理解しました。瞑想は、心の平和をもたらし、集中力を高めてくれます。自分の内なる存在や、スピリチュアルなガイドからのメッセージを受け取ることができます。その中でも大きなメリットは、観察者としての能力をはぐくめることです。

これらのメリットを知って、私は定期的に瞑想したいと思うだろうか？

250 /365

月　　　日
金曜日
Vendredi/Friday

私は今日、自分が観察者でいる時は、常にその〈瞬間〉を生きている、ということを理解しました。瞑想を続けていると、普通の生活をしながらでも、瞑想状態でいられるようになります。私は今日、少なくとも1時間、時間をとって、今という瞬間に完全に存在する体験をします。

私は、瞑想状態にいる時、どんなふうに感じるだろうか？

251/365

月　　日
土曜日
Samedi/Saturday

私は今日、時間をとって、少なくても30分間、〈瞑想ウォーキング〉をします。歩いている時は、足先から頭まで、五感がとらえたことにひたすら注意を向けます。

私は、何も考えずに歩くことができるだろうか？　私は、自分の内側や、まわりのことを観察し、それだけとつながっていられるだろうか？

252/365

月　　日
日曜日
Dimanche/Sunday

私は今日、自分への愛のために、もっと瞑想状態の中で生きることを決意しました。そうすると、恐れに支配されることがなくなります。

私は、定期的に瞑想すると決めた自分を、愛することができるだろうか？

第 37 週

〈優しさ〉

本当の優しさは、内面からにじみ出るものです。
まずは、自分に対して優しくする必要があります。

Semaine.37/Week.37

37/52

253/365

月　　　日
月曜日
Lundi/Monday

私は今日、〈優しさ〉という言葉が私にとってどういう意味を持つのかを確認します。私は〈優しさ〉に対して、どういう形容詞や類義語を思い起こすだろうか？

自分が誰かから優しい人だと思われる時、私は心地よさを感じるだろうか？　それとも、私は優しさを弱さと考えるだろうか？

254/365

月　　日
火曜日
Mardi/Tuesday

私は今日、私のまわりの人たちの中から、優しいと思う人をリストアップします。

私は、彼らのどのような態度や振る舞いを、優しいと思うのだろうか？
私は、彼らを、素晴らしいと思っているだろうか？

255/365

月　　日
水曜日
Mercredi/Wednesday

私は今日、昨日リストアップした人たちに尋ねて、彼らが私を優しい人だと思っているかどうかを確認します。優しい人だと思っているなら、彼らに、私のどんなところが優しいのか、例を挙げてもらいます。そう思っていないのなら、その理由を尋ねます。

彼らの答えを聞いて、私はどんなふうに感じるだろうか？　私は、彼らの感想に同意するだろうか？

256/365

月　　日
木曜日
Jeudi/Thursday

私は今日、自分に優しくすることを、私が全身全霊で求めている、ということに気づきました。それは、人生を難しく考えず、マイペースで変化することを自分に許し、ありのままの自分を受け入れることです。

私は、どの程度、自分自身に対して優しくなれるだろうか？

257/365

月　　日
金曜日
Vendredi/Friday

私は今日、どういう時に、または、どういう状況で、自分や他者に対して、優しくなれないかを確かめます。そこで分かったことを書き出し、その態度は、恐れに基づいているのか、自分に対する愛に基づいているのかを書き加えます。

見つかった恐れは、私にとって、今でも現実的なものだろうか？　大人になった私にとって、まだ必要なものだろうか？

258/365

月　　　日
土曜日
Samedi/Saturday

私は今日、知り合いの中から、自分や他者に対して、優しさが足りないと私が非難している人たちをリストアップします。

彼らにもっと優しい人になるための助言をするとしたら、私はどんなことをアドバイスするだろうか？　私自身、自分の生活の中で、そのアドバイスを実践できるだろうか？

259/365

月　　　日
日曜日
Dimanche/Sunday

私は今日、自分を肯定し、自分らしく生きていても、人生のすべての領域において、優しくなれるということを知りました。

優しい人になるために、私は日常生活において、どんな方法を実践するだろうか？

第 38 週

〈直観〉

直観は、私たちの
内なる神からやって来ます。

Semaine.38/Week.38

38/52

260/365

月　　　日
月曜日
Lundi/Monday

私は今日、〈直観〉は、自分の中心にいる時や、宇宙のエネルギーに対して開かれている時に得られる、瞬間的な知恵である、ということを知りました。

直観の段階を1から10まで分けたとしたら、私は今、どの段階にいるだろうか？

261 /365

月　　日
火曜日
Mardi/Tuesday

私は今日、直観は、さまざまな形で現われることに気づきました。洞察力や、〈超感覚的知覚〉（身体的なものを超越した、視力、聴力、感じる力）などです。

直観を受けるのに、私に一番なじむ手段はどれだろうか？　例を挙げることができるだろうか？

262 /365

月　　日
水曜日
Mercredi/Wednesday

私は今日、直観と超能力の違いを知りました。直観はハート全体で感じるのに対して、超能力は太陽神経叢レベルで感じます。超能力は心の動揺を引き起こしますが、直観は、私たちを、観察する状態に保ってくれます。

私は、超能力タイプの人間だろうか？　それとも直観的な人間だろうか？

263/365

月　　　日
木曜日
Jeudi/Thursday

私は今日、時間をとって、自分の直観に耳を傾けなかったために、手遅れになってしまった状況を３つ思い出して書きます。

その時、私はどんな恐れを持っていたのだろうか？

264/365

月　　　日
金曜日
Vendredi/Friday

私は今日、時間をとって、自分の直観に耳を傾けた結果、自分のためになった、という状況を３つ思い出して書きます。

その時、私が直観に耳を傾けた要因は何だったのだろうか？

265/365

月　　日
土曜日
Samedi/Saturday

私は今日、他者と一緒にいる時、最初に浮かんだ考えに、特に注意を向けます。直観が現われた時、疑念に支配されずに、自分の直観に確信を持ち続けます。

このことを経験して、私はどんなメリットを発見しただろうか？

266/365

月　　日
日曜日
Dimanche/Sunday

私は今日、自分が下すべき決断に関し、最初に浮かんだ考えに集中します。直観が現われた時、疑念に支配されずに、自分の直観に確信を持ち続けます。

このことを経験して、私はどんなメリットを発見しただろうか？

第 39 週

〈自由意志〉

自由意志とは、人間への素晴らしい贈りものです。
分別を持って自由意志を使うのは、賢さの証です。

Semaine.39/Week.39

39/52

---

267 / 365

月　　日
月曜日
Lundi/Monday

私は今日、自由意志は、人間の持つ偉大なパワー、選択する能力であると知りました。どんな状況にあっても、選ぶことができる、ということに感謝します。

私は、自分に選択する能力があることを、ずっと意識していられるだろうか？

268/365

月　　日
火曜日
Mardi/Tuesday

私は今日、自由意志は、人間が、調和ある賢明な選択をするために創られた、最も有用なものであることに気づきました。

私は、この偉大なパワーを、自分のためになるように使うことができるだろうか？

269/365

月　　日
水曜日
Mercredi/Wednesday

私は今日、ある状況、またはある人を我慢しなければならないと思う時、自由意志を使うのを忘れていることに気づきました。

前回、このような状況が起きたのは、いつだろうか？

270 /365

月　　　日
木曜日
Jeudi/Thursday

私は今日、現在の自分のニーズに応えていない状況を3つ書き出します。そして、これらの状況を良い方向に変化させるために、私が選択できることをいくつかリストアップします。

このエクササイズによって、私はどんなふうに感じるだろうか？

271 /365

月　　　日
金曜日
Vendredi/Friday

私は今日、昨日のエクササイズをした後で、自分の望み通りになるように自由意志を使う時、どのような恐れに支配されるかを書き出します。

これらの恐れは、大人になった現在の私にとっても、現実的な恐れだろうか？私はこれからも、そうした恐れに対する代償を払い続けるつもりだろうか？

272/365

月　　日
土曜日
Samedi/Saturday

私は今日、自分のまわりで、自由意志を活用している人たちに注目します。

私は、彼らのどのような長所を認めるだろうか？　自分も、そうした長所を発揮したいと思うだろうか？

273/365

月　　日
日曜日
Dimanche/Sunday

私は今日、少なくとも1日3回、次のように自問することに決めました。「私の決心、発言、行動は、自分で意識して選んだことだろうか？」

この新しい決心をして、私はどんなふうに感じるだろうか？　そのように自問することで、何かが変わるだろうか？

第40週

〈生きる喜び〉

生きる喜びがあれば、心を若く健全な状態に保てます。
生きる喜びは、人間にとって大切なニーズです。

Semaine.40/Week.40
40/52

274/365

月　　日
月曜日
Lundi/Monday

私は今日、一瞬一瞬に注意を向けます。自分が、どれくらい生きる喜びを感じ、表現しているかに注目します。

私は、自分の人生を生きる喜びを感じているだろうか？

275 /365

月　　日
火曜日
Mardi/Tuesday

私は今日、生きる喜びを心から感じる時、この1週間が、どんな1週間になるだろうかと想像します。そして、それをここに書き出します。

そのような1週間は、私がこれまで普通に送ってきた1週間と、どう違うだろうか？

276 /365

月　　日
水曜日
Mercredi/Wednesday

私は今日、生きる喜びとは、必ずしも、楽しみ、遊び、笑いと同じではないことに気づきました。私が生きる喜びを感じるのは、朝起きて幸せを感じたり、いそいそと自分の計画を実行したり、人生に感謝したり、心から人生が愛おしく思えたりする時です。

私は今後、そのような、生きる喜びを、心から感じたいだろうか？

277 /365

月　　日
木曜日
Jeudi/Thursday

私は今日、私が、喜びの中で生きるのを邪魔している原因と、できたらそうしたいと、ふだんから思っていることを、それぞれ書き出します。

私は、このエクササイズを通して、どんな恐れを発見するだろうか？

278 /365

月　　日
金曜日
Vendredi/Friday

私は今日、身近な人たちの中で、生きる喜びを最も感じさせる２人に注目します。そして、彼らにその秘訣を尋ねます。

私は、彼らの秘訣を聞いて、どんなふうに感じるだろうか？

279/365

月　　日
土曜日
Samedi/Saturday

私は今日、自分が喜びを感じることのできない領域を書き出します。そして、もっと喜びが感じられるように、自分の態度を変えることを決意します。

私は、まず手始めに、何を変えたいだろうか？

280/365

月　　日
日曜日
Dimanche/Sunday

私は今日、身近な人たちに、これから喜びの中で生きる決意をした、と伝えます。そして彼らに協力をお願いします。

愛する人たちにこのことを伝え、助けてもらおうと考えた時に、私はどんなことを感じるだろうか？

第 41 週

〈手離すこと〉

手離すことは、自分のエゴに打ち勝つための最大の武器になります。

Semaine.41/Week.41

41/52

281/365

月　　　日
月曜日
Lundi/Monday

私は今日、手離すとは、自分の望み通りの結果にならなくとも、心地よくいられること、つまり、結果に執着しないことだと知りました。それは、エゴの声を聞くのではなく、私の真のニーズを知っている〈内なる神〉を信頼することです。

私は、ものごとを簡単に手離すことができる人間だろうか？

282/365

月　　日
火曜日
Mardi/Tuesday

私は今日、自分が、自分自身や他者を操って、目的を達成しようとして、うまくいかない時、私は手離せていないのだ、ということを知りました。

私が、自分や他者を操る時、どんなことを恐れているのだろうか？

283/365

月　　日
水曜日
Mercredi/Wednesday

私は今日、その人と一緒にいると、自分が手離すことのできない状態になる人を、リストアップします。

思い切って手離して、彼らを操ることをやめた時、私にどんな恐ろしいことが起こるのだろうか？

284 /365

月　　日
木曜日
Jeudi/Thursday

私は今日、自分を操っている領域を3つ書き出します。見つからない場合は、身近な人に、どの領域で私が自分を最も操っているように見えるか、を尋ねます。

思い切って手離して、自分を操ることをやめた時、私にどんな恐ろしいことが起きるだろうか？

285 /365

月　　日
金曜日
Vendredi/Friday

私は今日、手離すことは、必ずしも、自分の身に起こることを、どうでもいいと思ったり、自分や他者に影響を与えることに、無関心であったりすることではない、ということに気づきました。〈手離す〉とは、宇宙が私のことを引き受けてくれると信じ、淡々と自分のベストを尽くすことです。

自分や他者との関係で、具体的に手離すことを考える時、私はどんなふうに感じるだろうか？

286/365

月　　　日
土曜日
Samedi/Saturday

私は今日、少なくとも1日3回、手離すことを実践します。自分が賛同できない状況や、期待した成果が得られない状況で、相手との関係において手離すこと（つまり、結果に執着しないこと）を実践します。

この手離すエクササイズを通じて、私はどんなことを発見しただろうか？　手離すことには、どんなメリットがあるだろうか？

287/365

月　　　日
日曜日
Dimanche/Sunday

私は今日、期待する結果を出そうと無理をする代わりに、少なくとも1日3回、自分に関して手離すエクササイズを実践します。エゴがささやくのとは別の方法で、幸福や調和に到達することができる、ということを、私は受け入れます。

この手離すエクササイズを通じて、私はどんなことを発見しただろうか？　手離すことには、どんなメリットがあるだろうか？

第42週

〈責任〉

幸福と平和にあふれた人生を送りたいのなら、
罪悪感を持つよりも、責任感を持つことです。

Semaine.42/Week.42
42/52

288/365

月　　日
月曜日
Lundi/Monday

私は今日、責任ある人は、自分の決意、行動、反応の結果をすべて引き受ける、ということを知りました。また、そういう人は、他者が決めたことの結果は引き受けません。

私は、どの程度、責任ある人間だと言えるだろうか？

289/365

月　　　日
火曜日
Mardi/Tuesday

私は今日、この1週間で、他者に対して罪悪感を持った状況を書き出します。その結果、罪悪感を持つのは、他者の幸福に関して自分に責任がある、と考えているためであることに気づきました。

私が、他者に、彼ら自身の結果を引き受けさせようと考えた時、私はどんな恐れを持つだろうか？

290/365

月　　　日
水曜日
Mercredi/Wednesday

私は今日、これまで、他者が決めたことの責任は私にあり、私が決めたことの責任は他者にある、と考えていたことに気づきました。

私はこのことに気づいて、どんなふうに感じるだろうか？

291 /365

月　　　日
木曜日
Jeudi/Thursday

私は今日、この1週間で、誰かに罪悪感を持たせようとした状況を書き出します。相手を非難する時や、相手に罪悪感を持たせようとする時、私は責任ある人間ではない、ということに気づきました。

私は、どのような恐れがあるから、これらの状況で責任を取ろうとしないのだろうか？

292 /365

月　　　日
金曜日
Vendredi/Friday

私は今日、この地上世界で、他者の問題を解決する義務がある人は、ただの1人もいないことを受け入れます。相手の責任が自分にあると考えれば、相手から自分で責任を取る機会を取り上げ、相手が他者に依存するようにしてしまいます。

身近な人たちに、みずから決めたことの結果を引き受けてもらおう、と考える時、私はどんなふうに感じるだろうか？

293/365

月　日
土曜日
Samedi/Saturday

私は今日、責任ある人間になれば、どんなことでも自由に決められる、ということに気づきました。決めたことの結果を引き受けられるのは、そもそも、自分だけなのです。

誰かに反対されることが分かっている状況で、私は今日、どんなことを決断するだろうか？

294/365

月　日
日曜日
Dimanche/Sunday

私は今日、身近な人たちが、彼らの望むように決断することを受け入れます。その結果を引き受けられるのは、彼らだけです。

そのように受け入れたことを彼らに伝える時、私はどんなふうに感じるだろうか？

第 43 週

〈忍耐〉

真に忍耐強い人は、自立していて、
自分自身と平和な関係を築いています。

Semaine.43/Week.43

43/52

295/365

月　　日
月曜日
Lundi/Monday

私は今日、忍耐とは、我慢する気持ちや、服従する気持ちを持たずに、不快な状況を受け入れ、観察する能力だと知りました。忍耐強くなるかどうかは、自分次第です。忍耐は、恐れではなく、愛に基づいています。

私は、どの程度、自分や他者に対して忍耐強くいられるだろうか？

296 /365

月　　　日
火曜日
Mardi/Tuesday

私は今日、時間をかけて、身近な人たちと一緒にいる時の、自分の忍耐強さについて確認します。身近な人たちとは、両親、子ども、兄弟姉妹、配偶者、友人、会社の同僚などのことです。

私が、ある人たちに対して、忍耐強くなれないのは、なぜだろうか？

297 /365

月　　　日
水曜日
Mercredi/Wednesday

私は今日、自分に対して忍耐強くなれないのは、自分への要求が高すぎて、寛容さに欠け、自分の限界を尊重しないからだ、と気づきました。

自分に対してもっと忍耐強くなると、どんな不愉快なことが私に起きるのだろうか？

298/365

月　　　日
木曜日
Jeudi/Thursday

私は今日、他者に対して忍耐強くなれないのは、彼らへの要求が高すぎて、彼らの限界やニーズを尊重しないからだ、と気づきました。

私の気にいらない状況において、自分がまわりの人に対して、もっと忍耐強くなる時、どんな不愉快なことが私に起きるだろうか？

299/365

月　　　日
金曜日
Vendredi/Friday

私は今日、他者に対して忍耐強くなれないのは、その人の中に、自分自身が認めたくない側面や、受け入れていない側面を見るからだ、ということに気づきました。

私は、このことに気づいて、どんなふうに感じるだろうか？

300/365

月　　　日
土曜日
Samedi/Saturday

私は今日、私の忍耐が足りない時に、引き受けることになる不都合やデメリットを、すべてリストアップします。

私は、これらの結果をこれからも引き受け続けるのだろうか？

301/365

月　　　日
日曜日
Dimanche/Sunday

私は今日、自分が忍耐強かった状況を3つ思い出します。そして、忍耐強さが人生にもたらす恩恵やメリットを、リストアップします。

自分の忍耐のレベルを自覚して、私はどんなことを決意するだろうか？

第44週

〈与えること・受け取ること〉

与えることと受け取ることは、表裏一体です。
私たちは、同じ心のあり方をもって、与え、受け取ります。

Semaine.44/Week.44

44/52

302/365

月　　日
月曜日
Lundi/Monday

私は今日、自分の人生において、与えたことと、その後に収穫したこととの関係について考えます。

与えたことは自分に戻ってくる、ということを、私は実感できるだろうか？

303 /365

月　　日
火曜日
Mardi/Tuesday

私は今日、この1週間で、与えたことをリストアップします。さらに、それを誰に与えたのかも書き加えます。与えたことには、物質的なもの、時間、ほめ言葉、世話したことなどが含まれます。

私は、このリストの中で、何回、義務感から与えただろうか？　また、何回、喜びから与えただろうか？

304 /365

月　　日
水曜日
Mercredi/Wednesday

私は今日、この1週間で受け取ったことをリストアップして、自分の受け取る能力について確かめます。

私は素直に受け取るだろうか？　それとも、相手に借りを感じるだろうか？

305 /365

月　　　日
木曜日
Jeudi/Thursday

私は今日、《原因と結果の法則》によって、常に、自分がまいた種を刈り取ることに気づきました。受け取った時に借りを感じるのは、私が、相手に期待して与えているからです。

私は、このことに気づいて、どんなふうに感じるだろうか？

306 /365

月　　　日
金曜日
Vendredi/Friday

私は今日、自分が義務感から与える時、または、与えないと誰かや何かが怖いから与える時、見返りを期待していることに気づきました。

私は、どんな恐れがあるから、与えるのだろうか？

307 /365

月　　　日
土曜日
Samedi/Saturday

私は今日、期待せずに与えれば与えるほど、自分が受け取る時に、不当であるとか、借りができたとか考えずに、素直に喜んで受け取ることができる、ということを知りました。

私が喜んで受け取る時、どのくらい豊かさに近づいているだろうか？

308 /365

月　　　日
日曜日
Dimanche/Sunday

私は今日、自分が与える時の動機、そして、受け取る時の心のあり方に、注意を向けます。

私は、このエクササイズを通して、どんなことを発見するだろうか？

第 45 週

〈意志〉

自分の望みをはっきりさせると、
自分の本当の姿が見えてきます。

Semaine.45/Week.45

45/52

309/365

月　　日
月曜日
Lundi/Monday

私は今日、意志とは、確信をもって「私は〇〇を望む」と言える能力であり、その望みに応じて行動に移せる能力である、ということを知りました。

私は、意志が強い人間だろうか？

310/365

月　　　日
火曜日
Mardi/Tuesday

私は今日、「望む」と「願う」を区別します。願うだけの時、そこには、行動に移すパワーや確信が足りません。

私が「望む」と言う時、本当に自分の意志を表明しているだろうか？　それとも、それは、単なる願望だろうか？

311/365

月　　　日
水曜日
Mercredi/Wednesday

私は今日、学校教育で、「私は○○を望む」と言うことを教わらなかったことに気づきました。自分の意志を強くしたければ、「私は○○を望む」と断言することを、みずから学ばなければなりません。

私は、自分の望みをもっと肯定する覚悟があるだろうか？

312/365

月　　日
木曜日
Jeudi/Thursday

私は今日、「私は○○を望む」と言うことは、なりたい自分になるために、絶対に必要なことだと知りました。

自分の望みを、肯定し、表明するのをさまたげる恐れとは、どんなものだろうか？

313/365

月　　日
金曜日
Vendredi/Friday

私は今日、自分の望みを書き出します。その際に、次のように自問して、答えが内面のニーズを反映しているかどうかを確かめます。「この望みを手に入れれば、私はどんなふうになれるだろうか？」

このエクササイズを通して、私はどういうことを発見するだろうか？

314/365

月　　　日
土曜日
Samedi/Saturday

私は今日、自分が何かを望むと、他者の願望が犠牲になることもあり得る、ということを受け入れます。

それが彼らの気にいらないとしても、私は、自分の望みを最後まで貫く覚悟があるだろうか？

315/365

月　　　日
日曜日
Dimanche/Sunday

私は今日、自分の望みを実現するためになすべきことを、すべてリストアップします。

自分の望みを完全に実現させるために、私は、どんなことをする必要があるだろうか？

第46週

〈自立〉

自立のないところに、自分や他者に対する
真の愛は存在しません。

Semaine.46/Week.46

46/52

316/365

月　　日
月曜日
Lundi/Monday

私は今日、自立とは、自分の望みを知り、他者に影響されずに、自分の意見を持ち、そして前に進むことだと知りました。また、自立している人は、最初から他者に助けてもらうつもりはなくとも、必要な時に他者の力を借りることを受け入れています。

私は、どの程度、自立している人間だろうか？

317/365

月　　日
火曜日
Mardi/Tuesday

私は今日、自立と孤立を区別します。孤立した人は、すべてを自分ひとりでやろうとし、ほかの人に助けを求める自分を責めます。そういう人は、誰かに助けられると、借りができたように感じるのです。

私は、自立した人間だろうか？　それとも孤立した人間だろうか？

318/365

月　　日
水曜日
Mercredi/Wednesday

私は今日、以下の内容が、〈愛情面で依存する〉ことであるのを確認します。
①自分が支持されている、評価されている、愛されている、価値があると感じるために、他者に依存する。
②自分を重要な人間だと思うのは、誰かと一緒にいる時、または、他者が自分を気にかけたり、ほめたり、認めたり、賛成したりする時だけである。
③まわりの人が、幸せで機嫌が良い時だけ、自分もそう感じる

私は、どの程度、愛情面で依存しているだろうか？

319 /365

月　　　日
木曜日
Jeudi/Thursday

私は今日、愛情面での依存度を示すバロメーターである、物質的な依存度に注目します。それがないと1週間がつらく感じられるもの、さらに、自分に制限している行動、飲みもの、食べものを、すべてリストアップします。愛情面の依存度は、物質的な依存度と同じです。それがない時の苦しみの度合いや、物質的な依存の結果を見れば、愛情面の依存度が分かります。

昨日のエクササイズで確かめた、自分の愛情面の依存度に、今も賛成できるだろうか？

320 /365

月　　　日
金曜日
Vendredi/Friday

私は今日、物質的な依存度は愛情面の依存度を示しており、自分への愛情や自尊心が足りないから、愛情面で依存するのだということに気づきました。それが、自立をさまたげる原因となっているのです。

自分の人生における自立度について、私はどんなふうに感じるだろうか？

321 /365

月　　　日
土曜日
Samedi/Saturday

私は今日、時間をとって、自分の人生において自立をさまたげている恐れについて確かめます。恐れがきちんとした事実に基づいているのかどうか、今後も恐れを信じ続けるのかどうかを確かめながら、それらの恐れをリストアップします。私の身近な人たちに尋ねて、それらの恐れがその人たちとも関係があるのかどうかを確かめます。

それらの恐れは、本当に現実に根ざしているものなのだろうか？

322 /365

月　　　日
日曜日
Dimanche/Sunday

私は今日、この１週間のあいだに、自分が依存した経験をすべて書き出します。そして、自分がまだ自立していないことを許します。私は、自分をもっと愛するためにこの世に生まれた、ということに気づきました。自分の中に埋もれている愛が姿を現わせば、もっと自立することができます。

私は、今のところまだ自立していない自分を許せるだろうか？　そういう自分を受け入れるために、私はどんな態度を取ればいいのだろうか？

第 47 週

〈感性〉

自分の感性を隠そうとするのは、その人が
豊かな感性を持っているからにほかなりません。

Semaine.47/Week.47

47/52

323/365

月　　　日
月曜日
Lundi/Monday

私は今日、すべての人が豊かな感性を持っているのは、とても自然なことだと気づきました。感性とは、自分の内面やまわりで起きていることを、深く感じ取る能力です。

私は、豊かな感性を持っていると言えるだろうか？

324 /365

月　　日
火曜日
Mardi/Tuesday

私は今日、感性の表現方法はいろいろあるが、それらすべてが、自分のためになるわけではない、ということに気づきました。例えば、感情的になるのは、感性をもてあましているからです。自分や他者を非難して、内面の動揺が起こる時、私たちは感情的になります。

私は今日、何回、感情的になっただろうか？

....
....
....
....

325 /365

月　　日
水曜日
Mercredi/Wednesday

私は今日、感情的になる時以外にも、感性をもてあますことがあると気づきました。それは、感情過多になる時です。つまり、何でもないことに目くじらを立てたり、自分や自分の大切な人に起こる、ちょっとしたことに大騒ぎしたりすることです。

私は、どんな時に、感情過多になるだろうか？

....
....
....
....
....

326 /365

月　　日
木曜日
Jeudi/Thursday

私は今日、〈感情〉を中立的に経験する時、感性をうまく使うことができる、ということを知りました。感情を中立的に経験するとは、内面で起きていることを、良い・悪いと判断せずに、意識的に感じ取ることです。その状態を、私は〈気持ち〉と表現します。

私は、感情と気持ちのどちらを経験することが多いだろうか？

327 /365

月　　日
金曜日
Vendredi/Friday

私は今日、3つの異なる状況で、自分が身近な人といる時に、どんな感情を持つかを、時間をかけて確かめます。

これら3つの状況で持った〈感情〉を静かに観察する時、私は、どんなことを感じるだろうか？

328 /365

月　　日
土曜日
Samedi/Saturday

私は今日、自分の感性とつながることの大切さに気づきました。感性とつながれば、頭で決めつけることなく、自分の中や他人の中で、何が起こっているかを、はっきりと知ることができます。感性は、直観を開発するためにも必要です。

もっと自分の感性とつながるために、私は、どんなことをする必要があるだろうか？

329 /365

月　　日
日曜日
Dimanche/Sunday

私は今日、一日のあいだに自分が持った感情を、すべてリストアップします。時間をたっぷりとって、ネガティブな感情も批判せず、ただただ感情を観察します。批判せず、感情を観察していると、感じる力が強くなります。

このエクササイズを通して、私はどのようなメリットを発見するだろうか？

第 48 週

〈根気強さ〉

望み通りの人生を創造すると決意した人に
とって、根気強さは大きな力になります。

Semaine.48/Week.48

48/52

---

330 /365

月　　日
月曜日
Lundi/Monday

私は今日、〈根気強さ〉とは、意欲を持って、自分がやると決めたことを、ねばり強くやり続ける能力であることを知りました。

根気強さの段階を1から10まで分けたとしたら、私は今、どの段階にいるだろうか？

331 /365

月　　　日
火曜日
Mardi/Tuesday

私は今日、根気強く続けるには、私のニーズに反対する人の影響を受けずに、自分の望みをしっかりと心に刻みこむ必要がある、と気づきました。

私は、人に影響されやすく、すぐに自分の望みをあきらめるタイプの人間だろうか？

332 /365

月　　　日
水曜日
Mercredi/Wednesday

私は今日、この1カ月で、自分の願いを実現する途中で、すぐにあきらめたり、妥協したりした状況をリストアップします。そして、その横に、続けるのをやめ、あきらめた理由を書き加えます。

このエクササイズを通して、私は自分についてどんなことを発見しただろうか？

333/365

月　　日
木曜日
Jeudi/Thursday

私は今日、この3カ月で、根気強く続けた結果、目標を達成できた状況をリストアップします。その横に、根気強くなれた理由を書き加えます。

このエクササイズを通して、私は、どんなことを発見しただろうか？

....
....
....
....
....

334/365

月　　日
金曜日
Vendredi/Friday

私は今日、根気強く続けることのメリットを意識します。そして、「根気強さは、所有、行動、存在、それぞれのレベルで、自分をどう助けてくれるだろうか」と自問します。その中で特に、存在のレベル（自分がどうあるか）に注目します。

これらのメリットは、私がもっと根気強くなる動機になるだろうか？

....
....
....
....
....

335/365

月　　日
土曜日
Samedi/Saturday

私は今日、根気強さは、〈強情さ〉とは違うことを知りました。自分で決めたことであっても、限界を超える努力が必要な時は、いったんやめて延期する、または、内容を変更することが賢明である、というメッセージを受け取りました。

過度な努力が求められる時、私はそれを中止することができる柔軟さを持っているだろうか？

336/365

月　　日
日曜日
Dimanche/Sunday

私は今日、これから３カ月のあいだに、実現したいと強く望んでいることを３つ考えます。望みを実現するために、どのような行動や振る舞いを根気強く続けるべきかを決めます。

私はこのことを決心して、どんなふうに感じるだろうか？

第49週

〈エネルギー〉

エネルギーは中立であり、いいエネルギーも悪いエネルギーもありません。エネルギーは使い方次第で、有益にも有害にもなります。

Semaine.49/Week.49

49/52

337/365

月　　日
月曜日
Lundi/Monday

私は今日、1時間ごとに、自分のエネルギー・レベルに注目します。エネルギー不足の時は、エネルギーに満ちている時のことを思い出します。

私は、自分のエネルギー・レベルについて、どんなことを発見しただろうか？

338/365

月　　　日
火曜日
Mardi/Tuesday

私は今日、自分が放出したり、作り出したりするエネルギーのレベルは、自分の心のあり方次第だということを知りました。エネルギーは、空気と同じように、常に使える状態にあります。宇宙に遍満するエネルギーを遮断するかどうかを決めるのは自分だけです。

私は、ふだんの生活で、この現実を受け入れる用意はあるだろうか？

339/365

月　　　日
水曜日
Mercredi/Wednesday

私は今日、この1週間で、自分がエネルギーに満ちていた状況を書き出します。また、それぞれの状況で、心のあり方がどんなふうであったかを書き加えます。

エネルギーとつながるのに役立つ振る舞いや態度は、どのようなものだろうか？

340 /365

月　　日
木曜日
Jeudi/Thursday

私は今日、この1週間で、自分がエネルギー不足になった状況を書き出します。また、それぞれの状況で、心のあり方がどんなふうであったかを書き加えます。

どのような振る舞いや態度が、エネルギーを遮断するのだろうか？

341 /365

月　　日
金曜日
Vendredi/Friday

私は今日、他者の幸福の責任は自分にあると考えて、他者の問題を解決しようとする時、自分のエネルギーが遮断されることに気づきました。それは、他者に関わることの結果をコントロールしたい、という私の気持ちが強すぎるからです。

私は、他者のことを考えるあまり、どの程度、自分をおろそかにしているだろうか？

342 /365

月　　　日
土曜日
Samedi/Saturday

私は今日、自分の中心からずれると、常に、エネルギーが遮断されることに気づきました。最も自分の中心からずれるのは、感情的になる時、恐れや不安がある時、コントロールする時です。自分の中心からずれると、貯まっていたエネルギーを消耗し、エネルギー不足におちいることを知りました。

エネルギーの増減は、運ではなく、自己責任であることを、私は受け入れられるだろうか？

343 /365

月　　　日
日曜日
Dimanche/Sunday

私は今日、すべての生きものが宇宙のエネルギーにつながっていて、すべての人がこの宇宙エネルギーにアクセスできる、ということに気づきました。自分の中心にいれば、人生の計画を実行するのに必要なエネルギーを得ることができます。

私は、自分の中心にいるために、つまり、宇宙のエネルギーとつながるために、どんなことをするだろうか？　また、どんなことを決意するだろうか？

> 第50週
>
> ## 〈からだからのメッセージ〉
>
> 肉体は、あなたの心理レベルで起きていること、つまり、感情面や精神面を忠実に反映します。
>
> Semaine.50/Week.50
>
> *50/52*

344/365

月　　　日
月曜日
Lundi/Monday

私は今日、からだは、私の一番の親友だと知りました。からだは、自分の内面で起きていることを常に反映します。からだが痛みを感じるのは、私を罰するためではなく、〈内面に注意を向けなさい〉という、からだからのサインなのです。

私は、この親友の存在に気づけるだろうか？　そして、親友の価値を、ありのままに認めることができるだろうか？

345 /365

火曜日
Mardi/Tuesday

私は今日、自分の食事の仕方を意識化して、からだから送られるメッセージに注意します。自分が、何時に、何を飲んだり、食べたりしたかを書き出します。また、何が食べたいのかを自問せずに、感情によって（空虚さを埋めるため）、習慣によって、または、欲望から食べる時、からだのニーズに耳を傾けていないことに気づきました。それは、心のニーズにも、同じくらい耳を傾けていないことを意味します。

私は、このエクササイズを通して、どんなことを発見しただろうか？

346 /365

水曜日
Mercredi/Wednesday

私は今日、自分が今かかえているからだの不調や病気を、すべて書き出します。すぐには不調や病気の意味することが分からなくても、心のあり方に注意を向けてくれた自分のからだに、心からお礼を言います。

私は、不調や病気は、自分に与えられた祝福である、ということを受け入れられるだろうか？

347/365

月　　日
木曜日
Jeudi/Thursday

私は今日、からだの不調や病気が送ってくるメッセージは、解読できるということに気づきました。まず、痛みを感じる部位が、何に使われるのかを確かめます。そうすると、その領域で、自分を痛めつける考え方を持っていたことが分かります。

私が現在かかえている不調や病気を振り返って、私はどんなことを発見するだろうか？

348/365

月　　日
金曜日
Vendredi/Friday

私は今日、昨日から始めた、不調や病気を通じてメッセージを受け取る、というエクササイズを続けます。私が本当にしたいこと、欲しいもの、なりたい存在は、不調や病気によって、肉体レベルでブロックされていることと関係がある、ということを知りました。

私は、新たな決意をし、からだの声に耳を傾ける用意があるだろうか？
それとも、肉体的、心理的に自分をブロックし続けるつもりだろうか？

349/365

月　　　日
土曜日
Samedi/Saturday

私は今日、時間をたっぷりかけて、できるだけ多くの〈形容詞〉を使い、からだのすべての部位を描写します。そうすると、私という存在に対する自分の見方が分かります。からだは、自分が自分をどう思っているか、ということの反映にほかなりません。

自分の外見が嫌いな時、自分の見方を変えるとしたら、私はどんなふうに感じるだろうか？

350/365

月　　　日
日曜日
Dimanche/Sunday

私は今日、からだの機能について注意深くなります。いかに、からだが私に尽くし、私を助けているかに気づきました。からだに感謝することを忘れないようにします。

このエクササイズを通して、私はどんなふうに感じるだろうか？　私にとってのメリットはどんなものだろうか？

第 51 週

〈今という瞬間〉

現実は、今という瞬間にしかありません。
過去と未来は、感情とエゴによる創作物なのです。

Semaine.51/Week.51

51/52

---

351 /365

月　　　日
月曜日
Lundi/Monday

私は今日、今という瞬間を生きることは、今いる場所にしっかり存在し、ほかの考えやまわりに気を取られずに、現在していることに注意を向けることだと知りました。

私は、今という瞬間を、生きることができているだろうか？

352 /365

月　　　日
火曜日
Mardi/Tuesday

私は今日、1日の活動内容をすべて書き出します。そして、その横に、活動していた時に、どの程度、その瞬間に存在したかを書き加えます。

このエクササイズを通じて、私はどんなことを発見するだろうか？

353 /365

月　　　日
水曜日
Mercredi/Wednesday

私は今日、今という瞬間に存在できない状況を書き出します。そして、その横に、今という瞬間に存在することをさまたげる理由を書き加えます。

今という瞬間に存在することをさまたげる、最も大きな理由は何だろうか？　このことを発見して、私は驚くだろうか？

354 /365

月　　　日
木曜日
Jeudi/Thursday

私は今日、いとも容易に、今という瞬間に存在することができた状況を書き出します。そして、その理由と、その時の心のあり方を書き加えます。

今という瞬間に存在することができる、最も大きい理由は何だろうか？このことを発見して、私は驚くだろうか？

....
....
....
....
....

355 /365

月　　　日
金曜日
Vendredi/Friday

私は今日、自分のまわりで、（私から見て）今という瞬間を生きている人たちを観察します。彼らのようになるために、内面を豊かにする方法について、彼らに尋ねます。

私は、今という瞬間を生きる方法を、最大限に活用する用意があるだろうか？

....
....
....
....
....

356 /365

月　　　日
土曜日
Samedi/Saturday

私は今日、今という瞬間を生きることのメリットと、今という瞬間を生きないことのデメリットをリストアップします。

このエクササイズの後に、私はどんな決意をするだろうか？

357 /365

月　　　日
日曜日
Dimanche/Sunday

私は今日、一日のあいだ、ずっと、注意深くなり、今を生きること、つまり、過去を後悔せず、未来を心配しないことを決意します。

私は、そんな一日を過ごしてみて、どんなふうに感じただろうか？

第52週

〈私という存在〉

私は、ありのままの存在です。

Semaine.52/Week.52

52/52

358/365

月　　日
月曜日
Lundi/Monday

私は今日、〈ありのままの自分であること〉は、すべての人にとって、究極の存在理由だと知りました。つまり、私たちは皆、なりたい自分になるために、さまざまな経験をし、どんな経験においても自分を受け入れるために、この世に生を受けたのです。

私は、自分の存在理由とつながっていることが多いだろうか？

359/365

月　　　日
火曜日
Mardi/Tuesday

私は今日、一般の人たち（特に教育者たち）によって、「良くない」とされている人間になることは、別に、悪いことではない、ということを知りました。

自分の左脳的知性やまわりの人が、悪と見なす存在になることを、私はどのくらい自分に許すことができるだろうか？

360/365

月　　　日
水曜日
Mercredi/Wednesday

私は今日、言葉で、また心の中で、ネガティブな人間だと自分を責めた状況をすべて書き出します。そして、そうやって自分を非難した時、どんなふうに感じたかを確かめます。

自分を非難することによって、私はもう二度と、そうした感情におちいらないようになるだろうか？　それとも、反対に、またそうした感情におちいるだろうか？

361 /365

月　　日
木曜日
Jeudi/Thursday

私は今日、私はなりたい自分になれる、ということを知りました。そして、なりたい自分になる過程で、自分にとってどういう存在になることが賢明なのか、を知ることができます。たとえ、ネガティブな経験をしたとしても、それを通して、自分が本当はどういう存在になりたいかが分かるので、ネガティブな経験にも感謝します。

私は、すべての経験を受け入れる覚悟があるだろうか？

362 /365

月　　日
金曜日
Vendredi/Friday

私は今日、エゴが、思い込みや、過去に学んだことに基づいて、私の人生を方向づけようとするために、私はなりたい自分になることができない、ということに気づきました。エゴは、私の存在レベルのニーズを知りません。

すべてを経験できるように、私は、自分の人生をふたたび統御する用意があるだろうか？

363/365

月　　　日
土曜日
Samedi/Saturday

私は今日、たっぷりと時間をとって、まわりの人と一緒にいる時の自分の態度を観察します。私が、他者に対して、彼らがなりたい存在になるのを邪魔しようとした状況を、すべて書き出します。このような状況では、私の存在より、エゴが優勢になっていることに気づきました。また、私が邪魔した彼らのなりたい存在を、自分に対しても禁じていることに気づきました。

身近な人を通じて、私が自分に禁じている存在を発見し、私は、どんなふうに感じただろうか？

364/365

月　　　日
日曜日
Dimanche/Sunday

私は今日、〈ありのままの自分である〉ということは、自分の態度や振る舞いに同意することではないと知りました。私は、〈ありのままの自分である〉ことを経験した自分に感謝します。なぜなら、その経験があるからこそ、私は賢明な存在に近づくことができるからです。つまり、愛（自分を受け入れること）と、賢さ（自分にとっての最善を選べること）にあふれた人生に近づけるのです。

私は、これから、なりたい自分になることを自分に許すことができるだろうか？

365/365

月　　日

曜日

お わ り に

　おめでとうございます！　強い意志と勇気を持って、根気強く、本書をやりとげたあなたに、心からの敬意を表わしたいと思います。あなたは、きっと大きな気づきをたくさん得たことでしょう。

　最後に、あなたにもう1つだけ提案したいことがあります。それは、この本を通じて自分が意識できたことについて、総まとめをすることです。総まとめには、少なくとも1時間はかけるようにしましょう。

　自分の人生に最も影響を与えた気づきは何だったのかを書き出してください。そして、素晴らしい仕事をやりとげた自分をほめてあげましょう。

　あなたにとって、良い方向に変わるのが難しかったのは、どの領域でしたか？　それを難しいと感じる自分を許しましょう。私たちは、皆、それぞれが、思い込みを持っています。その中には、かなり強力な思い込みがあり、扱うのが難しいものもあるのです。

　思い込みは、あなたの持つ、最も大きな、最も深い傷に関係しています。しかし、それも時間の問題です。あなたは、この「ワークショップ」をやりとげることによって、みずからの根気強さを証明しました。その根気強さをもってすれば、必ず、「自分の人生の主人公になる」ことができるでしょう。

　それから、あなたがこの本を読みながら、または質問に答える中で決意したことは、どうか忘れずに実行してください。

本書を常にあなたのそばに置きましょう。難しいと感じた領域のページにいつでも戻って、エクササイズにふたたび挑戦してください。

　また、しばらく時間を置いてから、本書を再読し、もう一度すべてのエクササイズをやってみることを、強くお勧めします。そうすることで、最初に本書を読んだ頃と比べて、自分がどれくらい進歩、変容したかが分かるでしょう。

　これからの人生において、愛があなたを導いてくれますように。

リズ・ブルボー

LISTEN TO YOUR BODY workshop

Start enjoying life!

The dynamic and powerful teachings of the *"Listen to Your Body"* workshop are aimed at all people who are interested in their personal growth.

For the past twenty years, this workshop has provided people with a vital source of knowledge as well as a solid foundation in order to be more in harmony with themselves. Year after year, the startling results and enriching transformations achieved by over 50,000 people who attended this workshop are truly astounding.

Thanks to this workshop, thousands of pople are no longer putting up with life; they are living it! They have regained control over their lives and are using the wealth of personal power within them to create the lives they really want for themselves. The rewards are far greater than could be imagined.

The *"Listen to Your Body"* workshop is a unique and comprehensive teaching which has tangible effects at all levels: physical, emotional, mental and spiritual.

Benefits of this workshop according to previous participants are:

- greater self-confidence;
- better communication with others;
- better judgement enabling a conscious choice between love and fear;
- an ability to forgive and let go of the past;
- a direct contact with your personal power and creativity;
- a revolutionary but simple technique to discover the real causes of illnesses and health problems;
- greater physical vitality;
- and much more!

If you would like to organize a workshop in your country contact us for further information.

1102 La Sallette Blv, Saint-Jerome (Quebec) J5L 2J7 CANADA
Tel : 450-431-5336 or 514-875-1930, Toll free : 1-800-361-3834
Fax: 450-431-0991 E-Mail: info@ecoutetoncorps.com
www.ecoutetoncorps.com

著者リズ・ブルボーとスクールに関する日本国内でのお問い合わせは、
オフィス・ハルナ（TEL：03-6450-8111 http://listentoyourbody.jp）まで。

◇著者◇
リズ・ブルボー（Lise Bourbeau）
1941年、カナダ、ケベック州生まれ。いくつかの会社でトップセールスとして活躍したのち、自らの成功体験を人々と分かち合うためにワークショップを開催。現在、20カ国以上でワークショップや講演活動を行なっている。肉体のレベル、感情のレベル、精神のレベル、スピリチュアルなレベル、それぞれの声に耳をすますことで〈心からの癒し・本当の幸せ〉を勝ち取るメソッドは、シンプルかつ具体的なアドバイスに満ちており、著書は本国カナダであらゆる記録を塗りかえる空前のベストセラーとなった。http://www.ecoutetoncorps.com/

◇訳者◇
浅岡夢二（あさおか・ゆめじ）
1952年生まれ。慶應義塾大学文学部仏文学科卒業。明治大学大学院博士課程を経て中央大学法学部准教授。専門はアラン・カルデック、マリ・ボレル、リズ・ブルボーを始めとする、フランスおよびカナダ（ケベック州）の文学と思想。現在、人間の本質（＝エネルギー）を基礎に据えた「総合人間学（＝汎エネルギー論）」を構築中。フランス語圏におけるスピリチュアリズム関係の文献や各種セラピー・自己啓発・精神世界関連の文献を精力的に翻訳・紹介している。リズ・ブルボー『〈からだ〉の声を聞きなさい』シリーズや『ジャンヌ・ダルク 失われた真実』『光の剣・遥かなる過去世への旅』など訳書多数。著書に『フランス文学と神秘主義』『ボードレールと霊的世界』がある。

翻訳協力：堤 慶子

〈からだ〉の声を聞く 日々のレッスン

平成24年11月27日　　　第1刷発行

著　者　　リズ・ブルボー
訳　者　　浅岡夢二
装　幀　　フロッグキングスタジオ
発行者　　日高裕明
発　行　　株式会社ハート出版

〒171-0014 東京都豊島区池袋3-9-23
TEL03-3590-6077 FAX03-3590-6078
ハート出版ホームページ　http://www.810.co.jp

乱丁、落丁はお取り替えします。その他お気づきの点がございましたら、お知らせください。
©2012 Yumeji Asaoka　Printed in Japan　ISBN978-4-89295-915-8
印刷・製本 中央精版印刷株式会社

リズ・ブルボー著作一覧 〔訳・浅岡夢二〕

〈からだ〉の声を聞きなさい
世界を感動させた永遠のベストセラー　　本体1500円

〈からだ〉の声を聞きなさい ②
もっとスピリチュアルに生きるために　　本体1900円

私は神！　リズ・ブルボー自伝
あなたを変えるスピリチュアルな発見　　本体1900円

五つの傷
心の痛みをとりのぞき 本当の自分になるために　　本体1500円

〈からだ〉の声を聞きなさい Q&A　［大切な人との関係］編
出会い、恋愛、そして結婚の本当の意味とは　　本体1300円

自分を愛して！
病気と不調があなたに伝える〈からだ〉からのメッセージ　　本体2100円

あなたは誰？
すべてを引き寄せている〈自分〉をもっと知るために　　本体1500円

LOVE LOVE LOVE　ラブ・ラブ・ラブ
〈受け入れる〉ことで すべてが変わる　　本体1900円

〈からだ〉に聞いて 食べなさい
もっと自分を愛してあげるために　　本体1500円

お金と豊かさの法則
〈お金〉と〈こころ〉のスピリチュアルなQ&A　　本体1500円

官能とセクシャリティ
［こころ・からだ・たましい］のレッスン　　本体1800円